黑珍珠餐厅指南

THE BLACK PEARL RESTAURANT GUIDE

2019

美团 大众点评

上海

SHANGHAI

人民交通出版社股份有限公司
China Communications Press Co.,Ltd.

图书在版编目(CIP)数据

2019黑珍珠餐厅指南. 上海：汉文、英文 / 黑珍珠餐厅指南组委会编. — 北京：人民交通出版社股份有限公司，2019.5

ISBN 978-7-114-15522-2

Ⅰ. ①2…　Ⅱ. ①黑…　Ⅲ. ①餐馆—上海—2019—指南—汉、英　Ⅳ. ①F719.3-62

中国版本图书馆CIP数据核字(2019)第083350号

The Black Pearl Restaurant Guide 2019 · Shanghai

书　　名：2019黑珍珠餐厅指南 · 上海
著 作 者：黑珍珠餐厅指南组委会
监　　制：邵　江
策　　划：张龙定
责任编辑：张龙定
责任校对：刘　芹
责任印制：张　凯
营　　销：吴　迪　李梦霁　陈力维
特约编辑：童　亮　刘楚馨
出　　版：人民交通出版社股份有限公司
地　　址：（100011）北京市朝阳区安定门外外馆斜街3号
网　　址：http://www.ccpress.com.cn
销售电话：（010）59636983
总 经 销：人民交通出版社股份有限公司发行部
经　　销：各地新华书店
印　　刷：北京印匠彩色印刷有限公司
开　　本：880×1230　1/32
印　　张：7
版　　次：2019年5月　第1版
印　　次：2019年5月　第1次印刷
书　　号：ISBN 978-7-114-15522-2
定　　价：140.00元

精选的中国味，世界的黑珍珠

2019年1月10日，美团点评发布了2019年度“黑珍珠餐厅指南”（以下简称“2019黑珍珠”），这是一份汇聚中国味蕾，通过严谨公正的评审体系遴选出的专业餐厅指南。

“2019黑珍珠”邀请了中国烹饪名师、知名美食家共同组成理事会，对最终餐厅名单负责；邀请了烹饪专家、美食领域意见领袖及美食体验家组成评委会，评委匿名提名餐厅、匿名造访餐厅，体验并客观公正地评分、评价；邀请热爱美食的企业精英、媒体精英和投资人组成特邀顾问，为评委会提供全方位建议和意见。同时，美团点评引入独立第三方机构普华永道对“2019黑珍珠”理事会评审阶段工作执行商定程序。

“2019黑珍珠”覆盖国内22城（北京、上海、广州、深圳、南京、杭州、苏州、武汉、重庆、宁波、厦门、天津、扬州、成都、西安、香港、澳门、台北、昆明、台州、汕头、顺德）和海外5城（东京、曼谷、新加坡、巴黎、纽约）。上榜餐厅分为三个钻级：三钻餐厅（一生必吃一次）、二钻餐厅（纪念日必吃）、一钻餐厅（聚会必吃）。其中，以三钻为最高等级。

“黑珍珠”的发布，不仅是要建立中国人自己的美食评判标准、为食客甄选出征服中国味蕾的优质餐厅，更冀望能够让中国乃至全世界的美食爱好者都能够从就餐体验中感受中国“味道”之美，领略这份传承数千年的文化魅力。

“黑珍珠餐厅指南”，中国人自己的美食榜，帮大家吃得更好，生活更好。

王兴

美团点评 CEO

中国文化博大精深，而美食文化正是中国文化最核心、最具代表性的组成部分。随着国力强盛，中国美食已出现在世界的各个角落，如何让世界人民从“中国味道”中感受到中国传统文化之美，正是“黑珍珠餐厅指南”创建的初衷。我们希望通过“黑珍珠餐厅指南”将中国美食文化中最精粹的部分提炼出来，用中国人的视角来评价、传播美食文化，让世界人民更多地了解中国美食的智慧和魅力。

我一直在想，做一份好的餐厅指南到底需要什么？我总结了一下，需要三样东西：有爱、有投入和有耐心。

第一，有爱。对美食有着持续不断的爱是做好一份餐厅指南最基本的条件，这个爱要超越味蕾。首先是对中国文化的爱。美食背后隐藏着传统文化的生趣，只有理解中国文化才能理解中国美食，比如家喻户晓的东坡肉，向世界传播美食文化的同时，也是在输出文化自信。当然，我们不是固守传统，而是在理解传统的基础上进行传承，让更多人喜爱。我们要逐步地发掘和复兴美食圈里的“老师傅”“独门手艺”，让中国美食精髓得以代代相传。其次，美食是一个将科技、文化艺术和商业完美结合的神奇领域，我们心怀对新技术和新艺术的热爱，在传统的美食文明上不断创新。科技的飞速发展让美食有了更多的可能性，如果没有量子技术，我们很可能无法发现食物本味的奥秘，紧紧地把握住新技术是打开未知美食世界的钥匙。美食体验是调动人类最多感官的艺术，在新时代美食品鉴场景中，不但融合传承了中国美食讲究的色香味，同时也创新性地发展出声光电结合的闻意形体验，多元化多场景的美食体味更像艺术品鉴会一样，新奇而有趣。如此地吃饭，不仅体现了美食智慧，也提出了一种新可能，创新性美食复兴将会有效带动中国文化的复兴。诚然，美食始终离不开商业，如果没有地理大发现带来的食材交换、全球贸易，我们可能都吃不到番茄炒蛋这道菜。最后，是对不同城市不同地域的爱，每道美食背后都是一群人、一个地域、一座城市的故事。品味美食传递的幸福满足感，会让你从对美食的大爱中，逐步过渡到对一群人、一座城的爱，希望“黑珍珠餐厅指南”能给覆盖到的每座城市带来经济繁荣，带动更多的旅游者体味幸福并爱上这座城。

第二，有投入。做好一份餐厅指南需要的不仅仅有财务上的投入，也有众多的资源和精力的投入。我们本着对美食文化负责的态度，规模性地投入人力、物力，我们需要设计运行整个系统、需要请人监理、需要请人评审，这样才能保证指南的质量。同时，我们做这件事的初心不是谋利，不向餐厅、厨师收取一分钱，这样才能保证指南的公正性和权威性。

第三，有耐心。万事都需要通过长时间的耐心累积才有成功的可能性，做好一份餐厅指南绝非一日之功，传承千年的中国美食文化中仍有很多的传统技艺需要去挖掘，同时需要结合新技术和新理念。很多的“老师傅”“独门手艺”需要一个个去寻找，同时也要发现少年英才。而今，我们推出了“黑珍珠餐厅指南”，我们就要有耐心和决心地一直做下去，将黑珍珠打造成一个能够反映中国味蕾，能经受住时间检验的全球美食榜。

珍珠是璀璨的，是有生命的，需要不断地维护，不然它就会失去光泽。希望借助我们的梦想和决心，可以让“黑珍珠餐厅指南”成为中国美食文化的骄傲，让世界人民感受到中国味道传递的幸福感和文化自信。

张川

美团点评高级副总裁、到店事业群总裁
“黑珍珠餐厅指南”组委会主席

2019年1月10日，2019年度美团点评“黑珍珠餐厅指南”发布。

回望过去，当2018年我们第一次做“黑珍珠”的时候，感受到的是“无畏”。我们带着互联网人的思维进入品质餐饮领域，只因认为要有一个中国人自己的美食榜单。

而到了2019年，更多感受到的是“敬畏”。我们希望“黑珍珠”不仅是一份餐厅指南，更能够扮演中国美食文化的发扬者和中国餐饮行业推动者的角色。

中国美食文化源远流长。“黑珍珠”被越来越多的美食爱好者关注，得到了众多名厨、美食家、美食意见领袖的支持之后，我深感肩上的责任更加重了——开启“黑珍珠”这扇大门的同时也开启了整个中国美食文化的宝库，惊喜的同时更感受到使命感。这座宝库需要我们整个团队，逐步地将“中国味蕾”的内涵真正地沉淀下来。“黑珍珠”不仅仅属于美团点评，更属于中国餐饮人，这份指南汇聚了整个中国美食界乃至民众的热情。打造“中国人自己的美食榜”，需要更多的智慧和经验，才能让“黑珍珠”成为一个世界级的品牌，成为中国文化的重要组成部分。

在未来，我们会持续关注“黑珍珠”最核心的部分：既要坚持“中国味蕾”的精神内核，更要确保“黑珍珠”的权威和公正，坚持评委匿名，坚持体系公正，坚持不以盈利为目标，这样才有助于“黑珍珠”的长期健康发展。

最后，要感谢所有的“黑珍珠”餐厅包括主厨、经营者在内的工作人员，正是他们日复一日地不断努力，才得以让我们有幸品尝到精彩的中国美食——他们是真正的中国美食文化的代表；感谢“黑珍珠”评审委员会的理事、评委和顾问们，他们作为行业专家为这份指南提供了多维度的专业建议，他们的严谨和大公无私保证了这份指南的专业和客观；感谢“黑珍珠”团队的辛勤付出，他们不断精进评审体系，珍视黑珍珠品牌，将责任扛在了肩上。希望所有的餐饮人一起努力，弘扬中国美食文化，做“中国人自己的美食榜”，把中国美食文化传遍世界，更让中国味蕾惊艳世界。

董克平

“黑珍珠餐厅指南”理事会成员

食评人

走向舞台中央的中国厨师

2019年1月10日，2019年度美团点评“黑珍珠餐厅指南”在澳门发布，287家餐厅获得了黑珍珠餐厅的荣誉，这是对于它们以往工作的认可。而保持荣誉持续创新，以更好的作品证明自身的优秀，则是入选餐厅要认真坚持的。

发布当天，我们可以看到上台领奖的一部分是餐厅管理者，但更大一部分是餐厅的主厨。这一场景让人感动：曾经的幕后英雄们开始逐渐走上台前，享受他们应得的那一份荣誉。

在中国古代，餐饮行业被人们称为“勤行”，并不被人认可。而厨师的社会地位更是低下，尽管出现了凭借厨艺进阶成为一代名相，并被后人奉为“中华厨祖”的伊尹，但直到宋朝之前，厨师都不是一个独立的职业，而仅仅只是大户人家的佣工和家奴。

孟子一句“君子远庖厨”被后人曲解，让后人看不起厨师这个行当。其实，孟子这句话说的不过是一种不忍杀生的心理状态，并没有看不起厨师的意思，后人忘记了孟子言论的大义，却让厨师和厨师行业背了上千年的黑锅。

孙中山先生在《建国方略》中把中国烹调与美术并列，认为中国烹饪是一种美的创造，“夫悦目之画，悦耳之音，皆为美术，而悦口之味，何独不然？是烹调者，亦美术之一道也。”孙中山先生把形而下的物质（食物）上升到形而上的审美，是对中国饮食的褒奖与正名。如果按照孙中山先生的观点观照中国烹调、观照食物菜品，这些审美对象的创造者则正是那些社会地位不高的厨师。

厨师地位的改变依赖于社会发展和文化昌明。16世纪初叶，西方社会摆脱中世纪的黑暗，开始走向现代社会。欧洲厨师走出宫廷流向民间，将宫廷饮食带到他们经营的餐馆里，没有了封建的桎梏，厨师的创造力有了发挥空间，烹饪创新层出不穷，科学并艺术化对待食材成为新菜品涌现的源泉。由此，欧洲烹饪正式进入了现代化的进程。

中餐这一过程开始于改革开放后，随着经济的快速发展，国家实力增强，饮食行业在市场需求刺激下，发展迅速。旺盛的市场和先进的理念，造就了一批行业富翁和行业精英，改造中国菜的同时也改变了中国厨师的地位。一方面，为了满足精英食客们的需求，厨师们不断努力开阔眼界，在继承传统的基础上创新，最终打造出属于自己、属于中国的烹饪风格；另一方面，像黑珍珠餐厅指南这类榜单的推出，又进一步将厨师介绍给大众。中国厨师正在经历一场从幕后到台前的大转换。

其中更有一些佼佼者，已经开始在国际舞台大放光彩。大董将中国古典文学艺术与烹饪结合，给人们带来美味的同时，也艺术化的表达中国味道，由此被媒体评为“城市英雄”；杭州的厨师王勇更是获得了国际知名杂志“年度厨师”荣誉……

厨师的劳动与创造出的百般滋味、千样芳华，愉悦着人们的生活。在我看来，他们就是当代的城市英雄，其中的佼佼者必定是美食世界里的超级IP，名厨造就名店，名店成就名厨，名店名厨的组合，成为寻味逐鲜者的目标。这是社会发展在饮食上的必然现象，也是黑珍珠餐厅指南的意义所在。

孙兆国

“黑珍珠餐厅指南”理事会成员
烹饪大师

创新是一个历史的延续

中餐的创新还是要依附于传统。

尊重中餐的丰富性、多样性，但同时也要很好地借鉴国际化的餐饮趋势，用一些好的设备和技法让中餐既保持其特有的美味、口感，又能以西餐的方式呈现。

创新不忘本，传承不守旧。

中餐的立足之本就在于其传统所给我们带来的理念以及烹饪技法。我们可以创新，可以在它的基础上加以创新，但绝不是胡乱搭配，生搬硬套。因为中餐是有“根”的，每一道菜都有属于它的故事，有的故事是无法舍弃和忽视的。

如，我的一道“5号牛排”，首先它是中国人喜欢的口味，同时也是一块全熟的牛排。用西餐低温慢煮的方法保持了牛排的鲜嫩，配上黑胡椒碎和柠檬汁泡沫的搭配，起到了很好的解腻起香的效果，巧妙地将中餐和西餐元素相结合。

中餐的根基在于我们生长的这片土地。因为全国各地有不同的气候、土壤、风俗习惯，不同的食材特点也完全不一样。各个地方的人根据当地生活习惯以及特色烹饪方法，做成了各地特有的风味。我一直在全国上下搜寻好食材，到四川省会东县挖松露，到安徽省的徽州定制菜籽油，一款合适的食材是做一餐好菜的基础。

而中餐的缺点就是相信自己的经验主义，但其特色也正是自己的经验主义。中餐的烹饪方式很多，有蒸、煮、炖、炒、熘、炸、烙、烤等多种，而这些多种多样的烹饪方式很多都是经验主义而无法被复制的，也是无法被先进设备所替代的。

所以中餐的科学化、标准化是多年来烹饪界一直在探讨的问题，的确是非常困难的事情。也只能说标准化、科学化在中餐中的味型和理念是完全不同的。

中餐配葡萄酒也同样如此，它是一种流行趋势，但绝不是最佳搭配。葡萄酒真正进入中国市场也就近20年，不一样的餐配不同的酒，而红酒更偏向西餐。中餐的味型比较复杂，尤其是现在川菜占领了半壁江山，任何红酒、白葡萄酒对于麻辣来说是显得那么暗淡无味。其他口味派别的菜也是变幻多端的。中餐的滋味代表着温度，热的汤、重口味的菜，不同的复合味型，造就了我们最熟悉的中国味道。

真正意义上来说，从古至今，中餐配餐的饮品是茶。餐前茶可以选用绿茶，清香开胃，适合配茶点凉菜；餐中茶选用贡菊，清口解腻，而且很好地清洁口腔，平衡味觉；餐后则适合配红茶，茶中含有的茶多酚能很好地分解胆固醇。

黑珍珠餐厅指南要做“中国人自己的美食榜”，发掘“中国味蕾”，客观上对于中餐有很大促进作用。从味型、烹饪方式、搭配、口味等方式评判中国人自己的食物，是一个正确的方向。

希望未来的中餐要更健康、美味，从而走向国际舞台，将中餐真正地发扬光大。

目录

“黑珍珠餐厅指南”理事会寄语

（按姓名拼音首字母排序。如第一个字首字母相同，按照第二个字首字母排序）

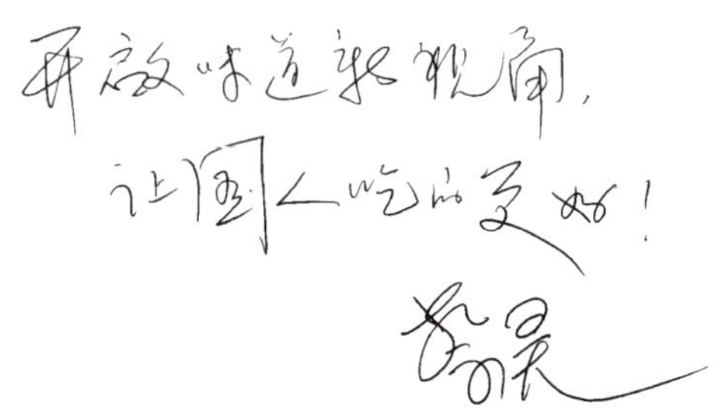

好味道经得起品评，
值得让更多人分享。

大董

黑珍珠餐厅指南，建立饮食文化自信的坚实出发点。

董克平

传中华美食之大成
享人间美味之道

胡丽妹

大味至简 方成匠心

为黑珍珠捕真味传匠心点赞。

刘路

寻美食新径

品饕餮至味　厉晓麟

好的味道，经得住最严苛的考验，也值得让更多的人品尝与分享。愿黑珍珠助力中国美食文化让更多人懂得、喜欢。

捕味者　孙兆国

捕人间至味

传美食大道

周晓燕

人生岂能只若初见，

更有爱与美食与子偕老。

“黑珍珠餐厅指南”承诺

匿名造访

专业评委在造访入围餐厅时，采取匿名方式，以平常顾客的身份，按一致标准对餐厅进行评分。在评审期，评委身份一经泄露，该评委所有打分作废，并取消其评委资格。

专业权威

“黑珍珠餐厅指南”组委会根据入围餐厅的菜系和评委专业领域等因素向入围餐厅派发评委评审餐厅，评委须实地匿名造访餐厅，并试吃、评分和评价。理事会汇聚中国美食烹饪领域的知名大师及知名美食家，对评选结果进行最终把关。

公正评选

坚持公正公平的原则。同时，引入独立第三方机构普华永道[1]执行商定程序；理事会及评委在评审前进行利益相关申报，并在评审环节回避利益相关餐厅。

周密和谐

严格遵守评判标准，确保对每一项评判细则做到细致入微。同时，兼顾考虑中国美食文化的传承和创新，达到和谐共鸣。

融合发展

向世界呈现来自中国的美食评判标准，输出中国美食文化，助力中国菜系提升世界影响力。

---

❶ 普华永道为普华永道中天会计师事务所（特殊普通合伙）的简称，对“黑珍珠餐厅指南”理事会评审阶段工作执行商定程序。

钻级体系

“黑珍珠餐厅指南”中的餐厅分别对应三个不同的钻级，其中，以三钻为最高等级。“黑珍珠餐厅指南”将定期更新发布。

评选标准

烹饪水平

食材质量及搭配、口感体验、烹饪技艺、鲜香呈现。

体验感受

环境氛围、服务管理、设施配套、餐-饮搭配。

传承创新

文化传承、创新融合。

评审体系

理事会

由中国烹饪名师、知名美食家组成。理事不参与餐厅匿名造访及评分，且不能增补最终上榜餐厅名单，其投票表决隐私性受技术手段全面保护。

理事会共计 18 人，分别为（按姓名拼音首字母排序。如第一个字首字母相同，按照第二个字首字母排序）：

蔡昊
美食家
威士忌品鉴家

董克平
食评人

董振祥
烹饪大师

黄海
美团点评
高级副总裁
点评平台负责人

黄珂
资深美食
文化人

胡丽姝
烹饪大师

兰明路
川菜烹饪大师

厉晓麟
厉家菜传人

吕杨
葡萄酒侍酒师
大师

林镇国
国际烹饪大师

欧阳应霁
饮食文化策展人
美食作家

彭树挺
美食评论家

孙兆国
烹饪大师

王冲霄
纪录片导演

王兴
美团点评 CEO

张川
美团点评高级副
总裁
到店事业群总裁

周晓燕
烹饪大师

赵胤胤
殿堂级钢琴家
美食家

评审委员会

由烹饪专家、美食领域意见领袖、美食体验家组成。

评审委员会职能：

- 匿名提名餐厅、匿名造访餐厅，依据评审规则，体验并客观公正地评分、评价；
- 从烹饪水平、体验感受、传承创新等角度，对入选餐厅进行全方位公正鉴别和评判，并对所造访餐厅进行公正评价。

部分评委名单（按姓名拼音首字母排序。如第一个字首字母相同，按照第二个字首字母排序）：

柏邦妮
编剧
美食爱好者

吃心
“一片吃心”
主理人

Chris St.Cavish
SmartShanghai
主编

戴踏踏
独立食评人

董馨
资深媒体人

尔雅
美食作者
记者

范范
“饭醉行”
主理人

敢于胡乱
“舌尖”云南
顾问

晃荡范
美食旅行专栏
作者

Kevin Chan
知名美食旅行家

李舒
美食文化研究者

林贞标
美食畅销书作家

马达
“什么值得吃”
创始人

喃猫
美食作者
主持人

秦峰
企业家
美食家

秦卓男
本帮菜第五代
传人

Susan 爱吃
深圳资深饕客

沈嘉禄
美食作家
记者

斯小乐
资深美食撰稿人

孙宵祎
樽赏网站创始人

喜北
食评人
美食博主

叶酱
资深美食作者

周磊
日本餐饮撰稿人

周思薇
Little Bao 创始人

张维彬
宁波资深饕客

注：以上评委名单为 2019 年度“黑珍珠餐厅指南”评委会中的部分评委。以上选择公开身份信息的评委，将不会进入下一年度“黑珍珠餐厅指南”评委会。

特邀顾问

由热爱美食的企业精英、媒体精英和投资人组成。

顾问职能：为 2019 年度“黑珍珠餐厅指南”评委会提供全方位建议和意见。

成员名单为（按姓名拼音首字母排序。如第一个字首字母相同，按照第二个字首字母排序）：

分众传媒创始人江南春、作家沈宏非、新良微博 CEO 王高飞、百度副总裁王路、金沙中国有限公司总裁及执行董事王英伟、今日资本创始人及总裁徐新、著名演员朱亚文等。

江南春
分众传媒创始人

沈宏非
作家

王路
百度副总裁

王英伟
金沙中国有限公司
总裁及执行董事

徐新
今日资本创始人
及总裁

朱亚文
著名演员

Visa非凡食客
中国味蕾 赏味全球
VISA
黑珍珠餐厅指南™
美团 大众点评

评选规则

- 餐厅提名及相关利益申报：美团点评联合评委会、理事会出具入围餐厅名单并完成利益相关申报工作。
- 餐厅食品安全及相关经营资质审核："黑珍珠餐厅指南"组委会审核第一轮入围餐厅的食品安全及相关经营资质。
- 入围餐厅名单决议：理事会成员针对第一轮入围餐厅进行线上背对背投票。
- 公示：美团及大众点评在其手机客户端上对入围餐厅名单进行公示，在线收集各界意见与建议。
- 匿名造访打分：评委匿名造访、试吃入围餐厅，并提交评分、评价信息。
- 线下终审："黑珍珠餐厅指南"组委会召集理事举办线下终审会。理事通过评审工具对评委评选出的第一轮上榜餐厅名单进行背对背投票表决。独立第三方机构普华永道全程参与线下终审会，对 2019 年度"黑珍珠餐厅指南"理事会评审阶段工作执行商定程序，统计并确认最终上榜餐厅名单。

解释说明

1. 公正原则

“黑珍珠餐厅指南”承诺，是否入围、上榜与是否购买美团点评的产品无关。如有任何人员或组织单位，以帮助“入围”或“上榜”名义，收取任何形式的服务费用，请保留证据，提交至 heizhenzhu@meituan.com，或致电 101 001 07 商户服务热线（工作时间：周一至周日 9:00—21:00），进行举报。美团点评会对涉案人员进行严厉处罚，并保留诉讼权力。

2. 匿名原则

理事会成员为公开。

评委会成员为匿名。榜单发布后选择曝光信息的评委，不得进入下一年度“黑珍珠餐厅指南”评委会。

特邀顾问为公开。特邀顾问不参与餐厅的匿名造访和评分，不能决定上榜餐厅名单。

3. 保密须知

涉及 2019 年度“黑珍珠餐厅指南”，包括但不限于 2019 年度“黑珍珠餐厅指南”提名评审流程、工具、体系信息，评委身份及其他信息属商业机密，所有权属于美团点评。其所涉及的内容和资料只限于已签署合作协议的评审专家填写。未经美团点评的书面同意，评审、理事及顾问不得将项目资料（包含不限于 2019 年度“黑珍珠餐厅指南”提名评审工具、手册及其他相关信息）全部或部分地予以复制、截屏、传递给他人、影印、泄露或散布给他人。

4. 处罚措施

在榜单评选中和发榜后，美团点评保留对出现食品安全、卫生防疫、重大事故、炒作等严重不符合本榜单评选标准的餐厅取消榜单资格、下线、处罚的权力。

黑珍珠餐厅指南
THE BLACK PEARL RESTAURANT GUIDE

注：按照餐厅钻级由高到低排序，同等钻级餐厅排名不分先后。

餐厅图标使用说明

联系方式	地址	营业时间	人均消费	停车场
服务费	WIFI	侍酒师服务	支持移动支付	需预订
包厢	儿童座椅	景观位		

上海味道的遗传密码

文/沈宏非

乡村的饮食习惯，多半由自然环境造就，所谓“靠山吃山，靠水吃水”，基本上靠天吃饭。一旦换作是城市、特别是像上海这种地方，所谓饮食风貌，基本上就是城市居民们集体创造出来的了。也就是说，在对本地自然资源“叫天天不灵，叫地地不应”的情况之下，只好叫人自带以及叫“外卖”了。

研究一个地方的饮食，再也没有比分析该地区的方言更为偷懒更为靠谱的方法了。在我国，一种饮食通常都对应着一种方言，换句话说，方言不同，饮食各异。

上海方言，大体上由本地话、宁波话、苏锡常话以及江淮官话构成，比例约为3:3:2:1，余下一成，则由洋泾浜、外语以及其他小语种均摊。在所谓“上海菜”正式成型的阶段，这也大致就是本地人口以及上海话口音的基本构成。

所以，在今天“上海菜”的基因里，原住民贡献了“浓油赤酱”的“本帮滋味”，宁波人贡献了海洋的咸鲜和水田的软糯，苏锡常地区贡献了湖水的鲜嫩和入肉的甜美，江淮人贡献了“精致细软”以及“盐重好色”，外语或洋泾浜贡献了“番菜”或曰“海派西餐”。以上五种基本元素，底定了上海菜的遗传密码。

在任何一份上海菜的菜单上，最常见的“红烧划水”和“腌笃鲜”，来自徽菜；“响油膳糊”，原籍苏北；“大汤黄鱼和酒酿圆子”，宁波舶来；“狮子头”生在扬州，“生煎包”和“清炒虾仁”，则是满口苏白……上海味觉记忆，就是这样一部“口述历史”。

因此，面对“上海菜”之驳杂、之混搭、之形迹可疑、之态度暧昧，“晕菜”者一概称之为“海派”。而“海派”还自带两种不无“邪门”的力量，其一，即强行混搭之后竟然还察觉不出违和感；其二，青出于蓝而胜于蓝，“聚处”完胜了“出处”。

比如这几年声名鹊起的上海黑珍珠二钻餐厅“甬府”，一桌秒杀宁波六区两县以及两县市所有餐厅的高级甬菜，不仅上海人说好，北京人称赞，就连宁波本地人，也不得不写个大大的“服”字。

“海派”的另一项绝技，是善于处理变与不变的辩证关系。

多元驳杂，以一种混凝土方式筑成了上海菜宽广而坚实的“家常”底部——《繁花》男主小毛嘴里的上海小调：“酱油蘸鸡嚒萝卜笃蹄髈呀，芹菜炒肉丝嚒风鳗鲞，红烧排骨嚒红烧狮子头呀，韭菜炒蛋嚒两面黄”，虽然各区有各区的版本，菜名略有差异，然而一百余年以来，这些分别来自本地、宁波以及苏州的小菜，几乎一成不变地牢牢占据着寻常上海人家和餐馆的桌面。

这些菜，虽然可以在菜谱上被拍成大片，在盘面上被摆成法式，骨子里，却仍难脱王安忆笔下的上海，能“嗅出风里的沥青味，还有海水的咸味和湿味，别看它拂你的脸时，很柔媚。爬上哪一座房子的楼顶平台，看这城市，城市的粗粝便尽收你眼，那水泥的密密匝匝的匣子，蜂巢蚁穴似的，竟是有些狰狞的表情。”

骨子硬质——虽然是混合、嫁接出来的骨头——血肉才能红润丰满，身姿方能摇曳动人。就像只有在全球珍珠年产量超过1700万吨的前提下，年产量不超过15万颗的优质黑珍珠方能显示出自己的价值。

Ultraviolet by Paul Pairet 

创意菜

法国名厨 Paul Pairet 酝酿十余年的前沿项目，自 2012 年面世至今一直以其史无前例、无法被定义的先锋性，成为创意料理的标杆。不对外公布的神秘地址，在每晚仅接待十位就餐者的胶囊餐室内，Paul 通过不同章节多达二十道式的感官盛宴，激发着食客的视觉、味觉、嗅觉、听觉和触觉。餐厅现设有 A、B、C 三套菜单以及相佐的酒单：A 套囊括了主厨的经典菜式，B 套呈现中流砥柱式的稳定，C 套则更致力于创意及前沿性的尝试。而不变的是餐厅的核心和灵魂：Paul Pairet，他将自己的生活记忆通过“心理味觉”传达出来，无论是他的故乡马赛，还是居住十多年的上海，抑或是加利福尼亚的海滩，食客可以轻松地从中获得趣味和共鸣。

推荐招牌菜

非常海水扇贝：扇贝、海胆、海带、酸醋汁、青柠海水雪亮

风中之烛：黑鳕鱼、以薰衣草、蜂蜜、鼠尾草、牛至叶腌制、包裹在有机蜜蜡中烹制

西班牙红虾：香煎西班牙红虾、甘草青柠虾壳

月之菇：竹笙（荪）、养乐多金万利冰沙、南瓜油豆蔻

仅接受官网预订 www.uvbypp.cc

上海市黄浦区中山东一路 18 号 6 层

周二至周六 6:30（集合时间）

4000 ～ 6000 元 / 人

黑珍珠聚焦时刻

毋庸置疑，Paul Pairet 是 Ultraviolet 的绝对灵魂。在这家沪上最神秘、最具话题性的餐厅里，Pairet 淋漓尽致地表达着自己的料理：虽具实验性但令人舒适，虽前沿但不失纯粹。首创的沉浸式五感体验，是 UV 在 2012 年开业时一炮而红的关键。在每晚仅接待十位就餐者的“胶囊”餐室内，影像、音效、香氛、气流跟随着二十道菜的菜单轮番冲击和惊喜着就餐者的五感。以 UVC+ 菜单为例，在 4 个小时的晚餐过程中，食客先是被带到加利福尼亚的海滩边炭烤海鲜，接着前往雾气弥漫的森林里品尝蘑菇，再转移至新加坡小吃街“争抢”一份黑胡椒牛肉……这样的情景感和互动不断涌现，其设定者就是 Pairet 本人，而他的主要目的是为了让食物能在最佳的时间和最佳的情景中被吃进嘴里。Pairet 相信，食物在基本的味觉之外，还存在着“心理味觉”，它可以是我们的当下的情绪、对于音乐和城市的记忆、甚至是周遭的餐桌、椅子，这些都会左右食物最终的味觉和触发的情感。在三套菜单中均出现的“松露炙烤汤汁面包”为例，在菜肴上桌前，环幕画面浮现出雾气浓重的森林，特制的香氛混合了松针、腐木、雨后泥土的气息，轻触肌肤的气流似乎也夹带着较高的湿度。这些铺陈让身临其境的就餐者将 100% 的注意力放在食物之上，亦令普通食材的组合有了出乎意料的魅力。

福和慧

素菜

五年前福和慧刚开业，足足三层，限定餐单，人均 600 ～ 1000 元。五年过后，二十多张季节菜单为这里赢得了巨大的世界级声誉，高端食客造访上海必来此一探究竟。

究其原因，福和慧的团队以餐饮界非常少见的手法和创意来阐述了现代中餐里素食的概念，将极度有限的食材天马行空地呈现，出品与温度等所有细节都经过周密计算。每一季菜单上都简单罗列着菜式的主要食材，大概每道菜三四种食材，没有端上桌前你永远想不到主厨会用什么方法来烹饪。中式与西式料理之间的壁垒在这间餐厅内，被完全打破，主厨运用起来如同歌唱家真音与假音的切换，自然流畅且好吃。整套餐单体验需要耗费 1.5 小时，用餐过程中食客注意力被牢牢吸引，无暇顾及国籍、菜系或者出处，只会用心品味食物之美。

推荐招牌菜

扣三丝
松露饭
银耳
芋蓉角

021-39809188
上海市长宁区愚园路 1037 号 1-3 层
11:15—14:30，17:15—22:30
1200 元 / 人

黑珍珠聚焦时刻

福和慧在愚园路梧桐小道旁一幢灰色小楼内，外墙掩映着一排墨竹，营业时门口站着一个黑色布衣男子迎宾。顺着黑色方砖布道进门，左手边窗棂里是时隐时现的宴会厅，大量空间留白给人空灵感，尽管平日多空置，但经营者认为食客在福和慧的用餐体验是从路过这间宴会厅开始，城市与空间都在默默为味蕾与大脑预热。餐单有三个不同选择等级，价钱逐步提高。开场多是铜炉热茶，每人自斟自饮，冬日暖身夏日祛暑，心神稍定侍者便适时入内。热场小菜通常三四味，时令水果会制成沙冰、棉花糖、果派同鲜果一同上桌，夏季会搭配一口脆藕，冬季可能是一只小小酥烤土豆，时蔬偶尔搭配奶酪或制成脆片，冷热酥脆糯滑，不同味道打开胃口。之后头盘上桌，小束沙拉里每一片叶都是精选，后厨有自制果醋再淋酱汁，充分保持蔬菜的脆度层级。接着冷汤或者热汤上场，然后是四道各具特色的主菜，最后一道清口小食之后，几样彼此呼应的甜品一同来收尾。用餐节奏起承转合，当季精彩味道相映成趣。总厨卢怿明从佛寺素斋及精进料理中提炼组合，餐厅每季出品最大共性是，不论何种国籍或者文化背景的食客，都可以通过空间与食物来理解中国素食的意境。后厨的每道菜品都会经过修饰与复查，全程有灯照和热盘控温，食物素质一流。

菁禧荟

潮粤菜

菁禧荟是虹桥迎宾馆附近别墅群内的一处隐匿私宴，包房四五间而无散台，为提前预约的宾客精选时鲜、干货、新菜，提供精致宴席。

潮汕菜的精髓就是搜集好食材，以潮汕人之手调味烹制，菁禧荟也不例外。店内花胶、老鹅、海鲜身价矜贵。顶级大只“广肚公”花胶由店主亲手取货，产地分布巴基斯坦、南非或澳洲，厚度、鲜度与口感兼备，加上娴熟的烹饪手法，入口弹牙且有溏心，是一流的粤式功夫大菜。潮汕黄鱼的烧法、清鲜，以年份轻且不太咸的普宁豆瓣为主调料，鲜咸回甘。虽然在上海开店，菁禧荟还是有一些潮汕人的坚持，店家选用来自潮汕的五花猪腩，入口无杂味；广东惠来县半干鱿鱼，脆甜；手打牛肉丸与鱼丸，肉汁丰沛，虽然这些不是什么贵价食材，但在上海无可替代。

推荐招牌菜

冻汕头响螺片
潮式冻马友鱼
脆皮金海参
潮式烧花胶扒

021-62625677
上海市长宁区虹桥路 1665 号 B5 幢别墅
11:00—22:00
1200 元 / 人

黑珍珠聚焦时刻

菁禧荟临街独幢别墅，招牌不大，来这里吃饭，很多人像赴家宴一般，喜欢提早上门，在小露台沙发区休息品茗。冷菜单里特色是卤水、鱼饭、生腌、冻蟹。卤水是用点石成金的手法，复杂香料熬制成一锅老卤，不同的调味用来卤鹅、卤肉，最矜贵是卤三到五年的老鹅头，带脖鹅头，皮厚肉韧，吸饱了卤水呈深赭色，店里每天卤八九只，和工夫茶一样，耐得住细品。餐厅创始人杜建青是潮汕普宁人，吃惯潮汕乡味，也知江浙人的喜好，于 2015 年创“菁禧荟”。餐厅招牌潮味烧花胶扒，仅发花胶就需五日，先冷水浸再热水焗，重复数次，直至胶身软韧适中。只取中间最厚部位，边角全裁掉。烹煮环节，同粤式不同，潮式不加鲍汁，仅以老鸡、排骨、瘦肉、大地鱼干、瑶柱、虾干熬成汤底，再加发好花胶慢煨入味。上桌胶身透润，刀切柔韧，入口弹牙软糯，内芯略带溏心，配以浓稠汤汁，美味养颜补身，是贵价食材的全面展现。菁禧荟非常善于用传统潮汕调味料与顶级本地食材相结合。鱼饭是最潮汕的家常菜，而清明后的马友鱼最适合做鱼饭，后厨精选油脂丰富的马友鱼，煮好后只取中段，去骨取肉切件，点普宁豆瓣酱上桌，吃得精细。此外潮汕老物也是撑店大角色。15 年老菜脯炒饭，用陈酵出油的老萝卜干，切粒炒东北五常米，异香满口。

8 1/2 Otto e Mezzo BOMBANA

意大利菜

2012年，意大利高档餐厅8 1/2 Otto e Mezzo BOMBANA来到了上海外滩源，落户于协进大楼六楼。餐厅的创始人是被称为香港“白松露之王”的意大利名厨Umberto Bombana，餐厅的松露料理和手工意面有口皆碑，以真材实料和精湛技艺取胜。餐厅楼面高挑，以黑白二色为主调，立在餐厅中央的透明玻璃房是窖藏馆，像个意大利葡萄酒和火腿的博物馆。靠窗的座位最受欢迎，外白渡桥上车水马龙的风景会在眼前流动，让暗色调的环境显得灵动通透。音乐轻柔，气氛和谐轻松，服务生训练有素。餐厅后方还藏着一间流光溢彩的酒吧，作为客人用餐前的等待区，算是一种欧洲高档餐厅的传统。长条形的吧台和酒柜占据了整面墙，从鸡尾酒、威士忌、朗姆酒到无酒精软饮，品种繁多，几乎应有尽有。

推荐招牌菜

日本红金枪鱼鱼腹双吃配精选鱼子酱、田园番茄

香煎日本扇贝配猪油、柑橘乳、黄油脆片

香煎澳大利亚牛里脊及传统炖牛肋排配土豆泥、时蔬、牛肉汁

自制意式宽面配翁布里亚风味羊肉酱

021-60872890

上海市黄浦区圆明园路169号协进大楼6-7层

18:00—23:00

2000元/人

黑珍珠聚焦时刻

8 1/2 Otto e Mezzo BOMBANA 的行政主厨 Riccardo La Perna 来自意大利的西西里岛，以提供最纯正的意大利美食为理念，对食材要求严格，会应季创造不同的品尝菜单，让食客从中领略到来自西西里岛街头和集市的美味。Riccardo 极擅烹制各类海鲜，海鳌虾、蓝龙虾、金枪鱼、帝王蟹、海胆、扇贝等都是常见的盘中主料。BOMBANA 赖以成名的松露自然是主打菜，每年两次黑松露季，还有昂贵的白松露全席，创始人 Umberto Bombana 都会亲自到场刨松露，香气爆棚，为客人带来无与伦比的美味盛宴。手工意面系列亦是餐厅的主打产品。在 BOMBANA 餐厅后厨，有一间专门的意面工坊，有人专事于此，从宽面、细面、米形面到猫耳朵，造型多变，面身弹韧，富有光泽。只有手工揉制，才能使面的表面具有多孔性，更易于吸水挂浆。看似低调平淡，却最是花样百出，正是来自意大利最迷人的味道。餐前面包形式多样，配的是意大利陈年黑醋和橄榄油。如同间隔符般的赠送小点极其丰富，根据主菜实时变化，让一餐饭之间，充满跌宕起伏的韵律，张弛有序地将就餐体验推向高潮。此外，酒吧在意大利葡萄酒的选择上别有建树，酒单选择有着极大的丰富性和敏锐度。吧台配有专门的侍酒师，以防厚得像书一样的酒单，会把没有耐心的酒客瞬间击倒。七楼的露台会在夏日开启，是极受欢迎的纳凉小酌之地。

乔尔•卢布松美食坊

法国菜

Joël Robuchon 是法餐届最有影响力的总厨之一，同名餐厅 L'Atelier de Joël Robuchon 遍布全球，巴黎、伦敦、拉斯维加斯、东京、香港、澳门、上海……每间分店都拥有相似的空间特色：黑红两色、开放式厨房、U 形吧台，所有菜都是以现场制作的概念完成，食客可以边欣赏厨师烹调的过程，边等待新鲜出炉的菜肴，环境正式而不失轻松。

然而这里的菜品内容是雅致的高级法餐，出品看似简洁轻盈，极具现代感，实际非常讲究选材与细节，传统与 fusion（融合）并重。无论来自全世界哪个角落的食材，到了 Joël Robuchon 先生手中都可以被演绎成又现代又传统的法餐风格。这些食材彼此相连，在大厨精选计算后，以交响诗一般的节奏上桌，食客进餐中食欲得以持续高涨。光顾这里不仅可以体验美食美酒，更能感受到 Robuchon 先生的饮食智慧。

推荐招牌菜

特级鱼子酱伴脆炸温泉蛋
香烤黑鳕鱼配马拉巴黑胡椒汁、白菜及椰子泡沫
和牛佐鸭肝配晚收波特酒汁和牛肉清汤
经典蟹肉鱼子酱塔佐龙虾冻及椰菜泥

021-60718888

上海市黄浦区中山东一路 18 号外滩十八号 3 层

周一至周三 17:30—22:30
周四至周五 17:30—23:00
周六 11:30—14:00，17:30—23:00
周日 11:30—14:00，17:30—22:30

1500 元 / 人

黑珍珠聚焦时刻

一代宗师 Joël Robuchon 不久前于瑞士日内瓦因不敌癌症与世长辞，但他留传下来的美食和启发，将持续影响世界，永垂不朽。Robuchon 先生从寄宿学校开始同修女学习烹饪，15 岁从面包甜品入行，21 岁正式开始学法餐，29 岁升任主厨，31 岁获法国最佳手工业者奖，36 岁开了自己的第一间餐厅，50 岁忽然关闭餐厅，开始环游世界，八年后又重出江湖，开出同名餐厅“L'Atelier de Joël Robuchon”，此后十年间大放异彩。Robuchon 先生博采众长，曾在全球各地旅行，学习各种各样的区域烹饪技术，在他重新认识世界后，这位大厨可能发觉太复杂的手法会掩盖食物本身的味道，他转而选择精致简洁的手法，让来自全球的食客都能吃懂每一道菜式，懂得欣赏每一种食材。上海门店总厨 Francky 整个厨师生涯几乎都在跟随 chef Joël Robuchon，掌握了非常扎实的传统法餐功底，在全世界任何地方，他都可以完美的将 Robuchon 巴黎工作室里的菜谱复制给食客。同时就地取材也是这间餐厅的特色，深入本地农场取材制作的招牌菜法式烤鸡就是非常典型的例子。本地走地鸡本身肉质柔嫩脂肪比例完美，制作工艺也十分考究， 烤的火候是多次试验才达到最佳效果，如鸡腿等肉质厚的部位在最后的收汁阶段利用余温熟透，所以整只鸡才会柔嫩多汁。顶级料理精细但不复杂，这一点 L'Atelier de Joël Robuchon 无疑诠释得非常完美。

注：图片来源于 Scott Wright of Limelight Studio。

Le Comptoir de Pierre Gagnaire

法国菜

2017 年，国际名厨 Pierre Gagnaire 将自己在中国大陆的第一家餐厅选在极具石库门风情的建业里嘉佩乐酒店，并以象征着“邻里间餐桌文化”的 Le comptoir 命名。简单、挚诚、高雅的法式料理是 Le Comptoir de Pierre Gagnaire 的主题菜肴，在看似繁复的名称和配比之下，却只是将轻松、平衡的融合感传递给食客。

餐厅空间翻新自经典石库门建筑，在保留标志性挑高和砖墙结构的同时，加入了新中式以及摩登法式的色彩及图样，正如 Pierre Gagnaire 先生所说：“在上海感受巴黎。”主餐室一侧悬挂着对应上海生活的黑白法国街景照（也有 Gagnaire 珍藏的私人照片），另一侧是海派的落地窗、小露台以及不远处的石库门群楼。餐厅另设有宽敞的独立包房，以及可同时容纳 40 人的 Le Bar 酒吧区域。

推荐招牌菜

法式鸭肝冻—洋蓟、胡萝卜汁、黄油面包
餐桌服务奥特西亚鱼子酱新西兰螯虾鞒鞒，海藻冻、传统配料牛油果 / 雅克布奶油花菜
香烤肉眼—牛骨髓、鱼子酱奶油、防风根泥
椰奶蛋白酥皮、姜糖、秘制果仁酱、陈年朗姆酒冰淇淋、埃本巧克力甘纳许

021-54669928
上海市静安区建国西路 480 号
周一至周四 7:00—10:00，12:00—22:00
周五至周日 7:00—10:30，12:00—22:00
790 元 / 人

黑珍珠聚焦时刻

人与人之间的关系，往往离不开饮食。这是国际名厨 Pierre Gagnaire 在上海创立 Le Comptoir de Pierre Gagnaire 时坚信的理念和初衷。Le comptoir，可以被简单理解为“邻里间”的餐厅和餐桌文化，因此 Gagnaire 选择了充满着经典上海石库门建筑以及里弄风情的建业里嘉佩乐酒店。

在上海负责 Le Comptoir de Pierre Gagnaire 的主厨是 Romain Chapel，一位谦逊、帅气、年轻的法国人。他出生于名厨世家，父亲 Alain Chapel 生前在法餐界拥有着传奇巨匠般的地位。2012 年师从 Pierre Gagnaire 后，这位“一心想做菜”的后起之秀便汲取着两位大师的烹饪精髓并为己所用。“我们所做的，是通过食材、质感、技术的运用将法式经典以不同的方式呈现出来。”

在 Le Comptoir de Pierre Gagnaire 的菜单上，几乎每一道菜肴都有着复杂的名字，代表着主厨团队对于复合风味、层次感和平衡度的追求，同时菜肴又以简单的形式、融合的风味呈现，正如餐厅所强调的——简单、挚诚、高雅的法式料理体验。例如招牌菜牛蛙奶油炖锅，酥香面衣中包裹着多汁的牛蛙腿，被浸泡在看似浓郁却口感清爽的奶油汁中，巧妙的是酱汁中的酸度，恰如其分地平衡了煎炸的油腻感，并调动出牛蛙的鲜甜。

从早餐、午餐、下午茶到晚餐不间断地提供精致的餐食，同样是 Le Comptoir de Pierre Gagnaire 作为“社区挚友”的独到之处。除此之外，由法国糕点主厨 Clément Ayache 制作的法式烘焙和甜点亦不容错过。

Le Rivage

法国菜

由华裔名厨 Alan Yu 主理的 Le Rivage 私房法餐厅静谧地藏身于黄浦公园的一隅。Rivage 意为海岸，置于黄浦江畔再合适不过。餐厅连通着上海画廊，仅由三个包房组成，私密而个性化，其中最具欧陆复古风情的小包房更被誉为求婚圣地。空间里的部分桌椅、摆设均来自店主的私人古董收藏——清末苏州老宅的木窗，怀旧感十足的樟木箱和衣架，制造出江南式的细腻和优雅。墙面上的艺术作品则来自画廊，营造出认真却不沉重的艺术氛围。八道式的品鉴菜单体现了 Alan 的法餐功底，并根据时节转换每月更新一次。从世界各地搜罗的海鲜和肉类，搭配本地的新鲜蔬果，在如画般的摆盘中呈现出循序渐进的节奏感和多重趣味，特别值得关注的是 Alan 对于意大利松露的运用，可谓每年松露季不可错过的飨宴。

推荐招牌菜

挪威海鳌虾塔、咖喱青柠檬油、青苹果

自制意大利细面、白松露

澳大利亚 M9 和牛、防风根泥、黑蒜、白松露土豆汁

樱桃白巧克力、酒渍樱桃、青柠雪葩

021-53067757

上海市黄浦区中山东一路 425 号黄浦公园内（近北京东路）

18:00—22:00

1500 元 / 人

大董（越洋广场店）

创意菜

位于越洋广场五楼的大董餐厅是大董餐饮在上海的第一站。大董以“酥不腻”烤鸭闻名，更以“中国意境菜”的概念独步天下。大董（越洋广场店）保持了阳春白雪的设计风格，以白色为基调，敢于留白，古雅中透着时髦，精致又不失写意。曲径通幽之处，亦有宽敞私密的包厢和视野开阔的露台。大董“酥不腻”烤鸭是大董三大招牌菜之一，几乎每桌必点，皮香脆酥松，入口即化细嚼无渣，鸭肉低油少脂，果木烧烤味香浓。菜单厚重如书，几乎每道菜皆有古诗相配。在相对稳定的主菜单之外，每个季节均有应季新菜以供挑选。食材来自天南地北，烹饪手法横跨中西，装盘造型充满艺术感，既有八大山人的意境，也有印象派之绚烂，足见大董的文化积淀、国际视野和探索精神。

推荐招牌菜

董式新麦烧海参
红花汁饭焗龙虾
红花汁炖花胶
大董“酥不腻”小雏鸭

021-32532299

上海市静安区南京西路 1601 号越洋广场 5 层

11:30—21:30

500 元 / 人

福 1015

本帮菜

福 1015 是沪上知名的福系列餐厅之一，主打中西结合的本帮菜套餐。餐厅匿身于愚园路 1015 号，这是栋欧式近现代风格的花园别墅，Artdeco 风格十足，水泥细拉毛饰面的外墙、红色筒瓦坡屋面、拱顶阁楼老虎窗，还有矩形和半圆之露台，组合出 20 世纪摩登上海的时髦面孔。客人去吃饭，就像去 20 世纪三四十年代的大户人家里吃家宴一般。有年头的吊灯，木质的地板，镶着彩色玻璃的窗户，门口有管家相迎，穿过走廊是宽敞的客厅，十二扇落地长窗直面户外宽阔的草坪，那是别墅自带的后花园。没有散台，九间独立的大小包房实行全预约制，有三种价位的套餐可供选择。房间里摆着雕刻精美的旧式家居，富有年代感的壁纸和丝绒座椅，阿姨说话软软糯糯，时光就慢在了这里。

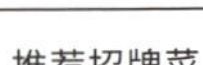

推荐招牌菜

黑松露鲍鱼红烧肉焖饭
麻酱凉皮野菜卷
糟溜野生黄鱼脯
鹅肝葱油饼

021-52379778
上海市长宁区愚园路 1015 号
11:00—14:00，17:15—23:00
1500 元 / 人

黑珍珠聚焦时刻

福 1015 行政主厨卢怿明，可以说是上海滩乃至全国厨艺界首屈一指的人物。他 16 岁开始进酒楼厨房做杂工，21 岁独挑大梁成为厨房老大，24 岁下海卖水产成为供应商，25 岁投身西餐厨房做学徒，26 岁重返中餐厨房。如今的卢怿明几乎看透了中国餐饮潮流变化最快的二十年。卢怿明对街头小吃保持了长久的兴趣，豆浆、油条、葱油饼都是他灵感的来源。他是个地道上海人，有着本帮菜老法师的骄傲，能如数家珍地跟你讲本帮烤鸭的渊源、说吃大闸蟹的门道，但他同时也能洞察国际餐饮潮流，将西方的思路与本地食材融会贯通。他在菜单中也收录了很多因为工序繁复，而近乎失传菜式，比如说松仁酥鸭，先腌制再蒸熟后去骨，酿上虾膏、撒上松仁粒酥炸而成；还有手工量巨大的三虾（虾仁、虾膏、虾子）豆腐等，都是别处吃不到的稀罕物。他热爱传统，尊重传统，但并不是亦步亦趋，他有一种不落窠臼的想象力，但根却是在上海的。福 1015 是套餐制，为很多点菜困难者解决了问题——卢怿明本身也有这个问题。从前菜、汤品、主菜到点心，一应俱全，煎炸蒸煮各有特色。想体验摩登上海的风味，不论是思古还是论今，来这里都没错。值得一提的是，福 1015 的蟹宴算得上王牌产品，卢怿明对于蟹的理解，可谓入壳入膏，若到蟹季，不妨一试。

皇朝会

粤菜

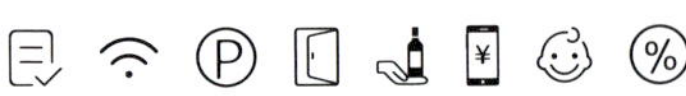

来自伦敦的“皇朝会”餐厅以精致粤式料理和点心闻名，曾在国外获奖无数，在 2016 年正式进驻上海外滩五号。出品部由香港名厨赖灿稳师傅主理，午间主打粤式点心，也会帮客人按需求配菜。餐厅亦配有酒单，供应红白葡萄酒和香槟，有专门的侍酒师建议餐酒搭配。

餐厅采用新中式装修风格，现代材质和中国元素巧妙兼容，随处可见中国传统的祥云和鱼鳞纹样，古雅窗棂用来划分空间，装饰的大理石让时尚感大增；餐厅以黑白二色为主调，其间大胆地饰以朱红色，提气提亮。随处可见的石湾陶瓷出自台湾名家手笔，菩萨们宝相庄严，气韵生动，让整个空间显得更加恬静安详。餐厅中，有六间模样各不相同的包房，散台仅有九张，最好提前一两天定位，否则当天来多半是满座的。

推荐招牌菜

古法扣鲜鲍鱼皇
苏格兰蓝龙虾（姜葱炒）
黑椒爆炒牛肉粒
脆皮流沙包

021-63332981
上海市黄浦区广东路 20 号外滩五号 3 层
11:00—14:30，17:00—22:00
500 元 / 人

黑珍珠聚焦时刻

“皇朝会”餐厅自打伦敦创建以来，一直主打传统粤菜。来到上海，同样奉行这一传统。香港名厨赖灿稔是厨房主理人，他 18 岁入行，至今已有三十九年，本身就是一部传统粤菜的活字典。在赖灿稔看来，原材料的选择是烹饪的第一要务。他的烹饪原则是尊重食材的本味，所谓的烹饪方法，则是为了提升食材的本味而存在和改变的。餐厅后厨里从来不用鸡精或者味精，只是日日炖高汤、鸡汤还有一锅鲍汁调味。赖灿稔也会跑遍乡间街头，去寻找世界各地最有生命力的味道，并将它们融入菜品中，让经典在稳定中保持进化。作为老字号的高级粤菜餐厅，皇朝会会使用一些与众不同的食材，比如说苏格兰龙虾，个大、肉鲜、年岁长，餐厅里的苏格兰龙虾多是 25 岁左右的大龄龙虾，这也意味着对厨师火候考验非常高，多一分则老，少一分又不入味。点心是这里的招牌，在传统中又点缀了些奇思妙想，比如说惯常包带子的芋泥饼，在这里就把带子改成了黑松露鸡枞菌的流沙内心，突然就有了崭新的记忆点。值得一提的是，这里的冰淇淋是俄罗斯总统普京指明要吃的品牌，醇而不腻，软而不粘的甜爽口感让人念念不忘，也是市面上难找的味道。精致、小众、有坚持，还有些独家的法门，才会给挑嘴的老客人长情不忘的勇气。

家全七福酒家（静安店）

粤菜

沿袭自香港著名富豪饭堂的家全七福，一直是上海粤菜餐厅中的翘楚。顶级优质的食材、传统精细的手法、简洁舒适的氛围、妥帖细腻的服务，让这家餐厅自开业以来就保持着绝佳口碑，是沪上香港人重温乡味的必访之地。无论亲朋欢聚还是商务宴请，家全七福永远给人含蓄低调且稳定的印象。传统粤菜脆皮炸子鸡、上汤焗龙虾、虾子柚皮、瑶柱荷叶饭，展示着驻店大师傅的几十年功力；贵价鲍参翅肚，食材传承自合作多年的老派食材商；家常小炒亦不逊色，一棵菜、一勺汤、一块糕，都火候精准，镬气十足，毫无浮夸做作之感，吃得出纯正港岛味道。除了固定菜单，家全七福的季节菜单尤其值得关注，时令时蔬趁鲜烹制，节庆糕团与自制酱料，总能遇见意外之喜。

推荐招牌菜

酿焗鲜蟹盖
七福脆皮鸡
蟹肉桂花炒虾丝
瑶柱荷叶饭

021-62663969

上海市静安区南京西路 1515 号静安嘉里中心东区一期 2 层 E2-03 号

周一至周五 11:30—14:30，17:00—22:00
周六至周日 11:00—15:00，17:00—22:00

850 元 / 人

雍颐庭

江浙菜

江浙菜生于富庶轻灵之地，取材时令，烹饪精细。然而真正令江浙菜坐拥高端饮宴之位的，是这个菜系勇于改良革新的精神，雍颐庭恰恰代表着新时代的江浙菜。不同于常见中餐厅传统沉稳的空间，深处浦东文华东方酒店内的雍颐庭，空间陈设充满新中式的简洁与创意，挑高屏风、抽象旗袍、艺术人像、方桌圆椅、落地窗外流水潺潺。掌管后厨的厨艺顾问卢怿明是最具国际知名度的海派名厨之一，擅长以全新方式演绎中餐精髓，每季新菜充满惊喜。在他手下腌笃鲜食材可包进薄皮饺以清鸡汤浸熟；凉拌豆腐可加贝柱提鲜；三虾可酿入嫩笋……看起来充满创意的新中餐，其形顺应时空变迁，其神沿袭古法传统。食无定式，雍颐庭出品也许不能为众人所珍，但却拥有上海滩无二之新意。

推荐招牌菜

江南山核桃小牛肉
清溜太湖虾仁
雪菜黄鱼馄饨
熏鲳鱼

021-20829978
上海市浦东新区浦东南路111号上海浦东文华东方酒店
11:30—14:30，17:30—22:30
600元/人

明阁 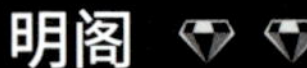

粤菜

位于虹桥康得思酒店的明阁中餐厅，自2017年8月回归魔都后便瞬间博得了食客的青睐。以主厨苏巍青师傅优选的食材为媒介，明阁将创意粤菜及上海特色与精致细腻的风味结合地恰到好处，诸如松露和牛礼物盒、明阁脆皮鸡等，更符合本地食客的味蕾喜好。同时菜单亦囊括了朗廷酒店旗下香港著名食府明阁的多款得奖菜肴，包括龙皇披金甲、浓汤花胶鸡丝羹等，滋味地道、食材考究。餐厅空间灵感源于“十里洋场”的20世纪30年代老上海，整体运用金棕色色系烘托出娴静、雅致的氛围；身着旗袍的温婉女子映衬在玻璃屏风中，重现老上海“东方巴黎”的摩登经典。八间清新雅致的包房，是宾客高端商务宴请以及家庭聚会的首选。

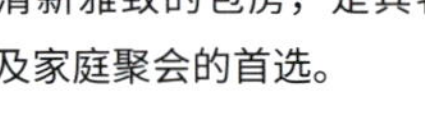

推荐招牌菜

明阁脆皮鸡
龙皇披金甲
松露和牛礼物盒
爵士养生汤

021-52639618

上海市闵行区申虹路333号上海虹桥康得思酒店B1层

周一至周五 11:30—14:30，17:30—22:00
周六至周日 11:30—15:00，17:30—22:00

600元/人

黑珍珠聚焦时刻

拥有 27 年中餐料理经验的主厨苏巍青师傅，是明阁的掌勺人，也是当之无愧的“颜值担当”。17 岁入行，苏师傅极其注重食材本身的营养和味道，“我一定要用最好的食材”是苏师傅对于明阁菜单的第一要求。同时，他坚持以创新的理念及精湛的技艺对菜品进行改良，炮制出多款明阁招牌菜品，如层层铺开的松露和牛礼物盒，就选用整片肉眼包裹澳洲和牛粒及黑松露菌菇馅料，置于锅内煎，肉中均匀分布的大理石油脂融化，牛肉入口化嫩多汁，香味四溢。

在自创的招牌菜之外，明阁菜单上亦囊括了多款朗廷酒店旗下香港著名食府明阁的得奖菜肴。苏师傅则运用自己在澳门五年的工作经验和对于经典粤菜的心得，再现它们的风味精髓，用他自己的话说正是“用料精良、口感时尚”。

作为地地道道的上海人，苏师傅还将土生土长的“上海口味”带入明阁，与宾客一同寻觅老上海的味道和记忆，他认为“品味一个地域的特色美食，就如同了解了它的历史与文化”。这正如餐厅重现老上海“十里洋场”和“东方巴黎”的空间氛围一样，具有了上海的独特基因。

菜品和空间之余，明阁的多款珍藏顶级佳酿和日式清酒，都在专业侍酒师的组合下演绎出美酒与创意粤菜的全新搭配。

西郊五号

新番菜

西郊五号由“中国烹饪大师”孙兆国主理，主打海派新番菜，是中国人所习惯的味型，同时也融入了现代烹饪理念。餐厅位于西郊宾馆四号门一侧，整个餐厅精致华丽，为新番菜的再次登场营造了洋溢着艺术博物馆般的气息的舞台：设计运用西班牙高迪 (GAUDI) 的风格，整个空间结构全靠曲线连接而成。桃木芯鎏金边的古典展示柜里陈设了从十六个国家收集而来的精美的家私及器皿。如果说餐厅一楼散台展现的是奢华和典雅，那么二楼包间，渲染的便是个性和艺术：包房设计主题各不相同，比如老公爵的客厅、女画家的工作室、淘金慈善家等各种西洋主题海派陈设，充分体现了番菜万国融合的历史背景。就连厕所装修都独特而有趣、万中无一，甚至晋升为打卡之地。

推荐招牌菜

5 号精品牛排
虾子脆皮大乌参
和牛上海烧
蟹肉鱼子酱

021-62957199/021-62957138

上海市长宁区虹古路 669 号（靠近青溪路路口）

11:00—21:30

800 元 / 人

黑珍珠聚焦时刻

西郊五号是一间内外兼修的餐厅，高企、名人常出没，这得益于它的创始人之一的大厨孙兆国。身为“中国烹饪大师”，56 岁的孙兆国已经从厨三十 年，但让他最快乐的事情，仍然是在厨房里烈火烹油，洗手做羹汤。他跑遍五湖四海，去探访心仪的食材，他在武汉的寺庙里寻到水豆豉的方子，在西班牙购买喜欢的菜谱，在安徽乡村定制手工菜油，自己酿造酱油。孙兆国对于厨艺是近乎艺术的追求，他设立了自己的工作室，亲自下厨，纯粹宴请，不计成本，只图心欢。工作室孕育了很多天马行空的想法，成熟后在西郊五号落地，成为各方都可品尝到的菜品。虽属于海派餐厅，但西郊五号却有些剑走偏锋，以“新番菜”自立于江湖。“番菜”二字出于上海开埠后，那时西餐大举东进，沪上也随之出现过一大帮“番菜馆”，主打菜经过改造后，能够适应中国人口味的“海派西餐”。时过境迁，西郊五号自开业以来有意在打造现代烹饪技巧加持下的“新番菜”。在这里的菜单上，呈现了来自世界各地的食材，做法既尊重传统又新意频出，而味型都是中国人所喜闻乐见的。可单点，也可以按照预算帮客人配菜，能让食客在一餐时，尝遍酸甜苦辣，感受到跌宕起伏的味觉刺激，便是快乐的开始。

新荣记（南京西路店）

江浙菜

不论北京、上海、杭州还是香港，新荣记所到之地，都成为城中一块高端中餐金字招牌。上海的四家分店，分布于外滩、老洋房以及一级商圈内，而南京西路店则是这块金字招牌的沪上大本营。秉承“食必求真，然后至美”的理念，创立超过二十年的新荣记，拥有资源丰厚的食材渠道，长年稳定的后厨团队，接受专业培训的服务人员，以及亲密合作的国际一线空间设计工作室，食客进店能感受到所有细节的尽善尽美。这个以东海海鲜与台州风味为基础，改良提炼之后打出一片天地的品牌，今日菜单上集合国际化食材，手势多变；席上招牌菜稳定、时令菜增色、餐前水果与茶点睛、桌边服务妥帖细腻，有老客一周三顾，访沪新客不论国籍背景，皆可感受中餐之美，是一家几乎可以满足所有就餐需求的均衡餐厅。

推荐招牌菜

黄金脆带鱼
原味黑猪毛仔排
沙蒜烧豆面
农家盐卤豆腐煲

021-53861717/ 021-53867617
上海市静安区南京西路 688 号 2 层
11:00—14:00，17:00—21:00
500 元 / 人

黑珍珠聚焦时刻

每日凌晨，新荣记旗下冷链货车自台州椒江出发，直奔上海，第一站即停靠南京西路店，这个品牌经营多年，出众之处就是食材一流且新鲜。根据不同时令，中国沿海各主要码头每日抵港鲜货中，总有少量“尖儿货”会通过新荣记专线，点对点直送上海餐桌。仅带鱼就有舟山与朝鲜海两大产地，指定海域以及捕捞方式，进店带鱼条条带油，炸出来的黄金脆带鱼口感油润，风靡上海数年。其他撑店海鲜，矜贵如东海野生大黄鱼，家常如鲳鱼、望潮、梅潼，样样出水鲜。

新荣记追求“食必求真”，不仅擅长采办海鲜食材，入夏杨梅、入秋蜜橘、陈年普洱，以及所用特色时蔬全部由自家农场、茶山等采办，茶树、果树系专人看管，采用自然种植方式，从源头控制食材品质，贵价食材如松茸、松露、花胶、海参，都出自多年合作供应商。呈现给食客的是简单的一桌菜，背后蕴含多年积攒的实力。

出品质朴、服务精致是这间餐厅的特色。没有过多盘中修饰，东海海鲜与台州家烧是后厨撑店的食材与烹饪风格，家烧黄鱼、沙蒜豆面、手撕豆腐、临海麦饼吃得出家常真味。另外，餐厅服务生拥有酒店集团和航空公司服务团队的培训支持，且配备专业侍酒师，妥帖的服务水准也属城中前列。

甬府

江浙菜

甬府烧得一手地道宁波菜，藏在锦江饭店的英国哥特式建筑内，从老板到后厨清一色宁波人。这间人均上千的餐厅深知甬菜泥螺鲜、黄鱼肥、年糕糯、烤菜香之精华。镇店招牌菜“秘制野生大黄鱼”，是雪菜、鱼汤与鱼肉最精彩的组合，鲜脆嫩滑，用宁波话描述：吃起来是飘的。甬菜讲究咸鲜而后回甘，当地除了东海海鲜，还有很多产量不多的特色食材，如慈城年糕、奉化芋艿，都是名声在外但精品难寻的好食材，而这些味道在甬府都能吃到。祖籍是宁波的上海人不在少数，在这里还能吃到很多乡情满满的菜式：咸蟹、海苔饼、臭冬瓜、龙头烤、油赞子……甬府开业几年来菜单绝少更改，但凭借顶级食材和精细手工，高水准且稳定的出品，备受老客追捧。

推荐招牌菜

油渣芋艿羹
堂灼野生大黄鱼
红焖蒜子米鱼膏
冰镇小龙虾

021-33566777

上海市黄浦区茂名南路 59 号锦江饭店锦北楼 12 层

11:00—14:00，16:00—21:00

1000 元 / 人

黑珍珠聚焦时刻

走进锦江老楼，老式电梯在十二层开启，甬府的深色墙面与复古花砖将长廊装点的典雅幽静，九间包房一字排开，包房之内桌椅有古意，窗外是锦江饭店的绿树老屋，在这里吃宁波老菜自有历史厚重氛围。甬府菜单不长，一共才五六十个选择，蟹就占十分之一。咸蟹、炝蟹、蟹糊，蒸、炒、汤、腌、冻，东海宁波段有十几种吃蟹方法。招牌宁波老菜十八斩，讲究用深冬时节嵊泗野生带膏大白蟹，膏甜肉满。不需腌，直接洒料上桌食其本味。甬府烧菜也并不是一味仿古，改良味道让鱼鲜更细腻。每年中秋至清明前是东海岱衢族大黄鱼的产季。大黄鱼到店，餐厅先整尾上桌展示，之后回后厨速度开片，以冰盘承托返席，放进以数条小黄鱼熬制的浑厚高汤内，同雪菜、笋丝、年糕一同打边炉。甬府的改良做法让雪菜汁鲜同鱼骨鲜充分激发出汤底层次，开片鱼肉入汤断生后，捞出来肉嫩且鲜味加倍。而入冬后带油的舟山带鱼，蒸出有羊脂玉色的大白鲳，口感醇厚的酱马鲛……随便哪样东海鲜都是甬府招牌。初次光顾甬府会被后厨的手工宁波汤团震撼。猪油黑芝麻馅儿芯当日现制；水磨糯米粉选用慈溪当年新糯米；桂花糖，天然收集的桂花蒸熟晒干和糖揉在一起。汤团入口，猪油香芝麻融糯米脂滑润，外加汤头一点甜，试过就知道这个味道是整个上海最难得的。

游宴一品淮扬

江浙菜

游宴一品淮扬餐厅设计以传统江南风情为主题，摆设以江南官宦之家为蓝本，陈设古式屏风、精美瓷器、花鸟工笔画和漆器家具等饰物，墙面和天花还附以秀丽典雅的刺绣和壁画做点缀。餐厅的五个包房则以沁春、秋荷、冬梅、牡丹和白玉兰为设计主题，并拥有一个以国宴标准设计的万达包间。

游宴一品淮扬餐厅以“大淮扬”菜为主题，集苏、浙、徽和本帮四地饮食特色。餐厅秉承以极其精简的配料及加工手段，突出淮扬菜清鲜平和、用料严谨和风格雅丽的特点。拥有 25 年烹饪经验的行政总厨蔡毅先生，对精品淮扬菜烹制拥有极高造诣。扬州干丝、龙井虾仁、关东参炖狮子头都是见足功夫的传统菜式，还有一天只供应两批的江南砂锅神仙鸡，绝对是可遇不可求的江南美味。

<u>推荐招牌菜</u>

酒香汁浸花螺仔
杏仁米酒小牛肉
江淮砂锅神仙鸡
龙井手剥鲜虾仁

021-53688854

上海市黄浦区中山东二路 538 号 5 层中餐厅

11:30—14:30，17:30—22:30

550 元 / 人

Alan' s Bistro

法国菜

很多做 fine dining（精致餐饮）出身的大厨喜欢开一间小小的 bistro（小酒馆），烧烧家常小菜，Alan' s Bistro 就是这样一间店。店主 Alan Yu 拥有近三十年从厨经历，曾在一线大店 Citronelle、Jean George、8½ Otto e Mezzo 中挑大梁，自华盛顿、纽约、香港一路抵达上海。拥有华裔背景的他同时又深谙西食，在外滩自立门户后尤其喜欢挖掘全球优质食材，在他店里能吃到地道传统的酥皮惠灵顿牛肉，又能尝到云南野生菌菇、新西兰鹿肉、法兰西生蚝、重庆三文鱼、北海道海胆，特选崇明藏红花红针挺立，泡杯茶香气满室……中西式食材在总厨手下被演绎的精准简洁，是直达内心的好吃。每次光顾，墙上都能看到 Alan 最近出门寻味的风光照片，中央开放厨房内热气与香气迎面，全新菜单中总有几道令人惊喜的味道在等候。

推荐招牌菜

鹅肝冻糕、奶油吐司、番茄酱
法式焗蜗牛、香料
“汉堡双拼”波士顿龙虾、和牛汉堡
新西兰鹿三岔肉、西班牙土豆、时令蔬菜

021-63291699
上海市黄浦区中山东一路 445 号
周一至周五 11:30—13:30, 18:00—21:00
周六至周日 11:30—14:00, 18:00—21:00
500 元 / 人

Bistro 321 Villa LE BEC

法国菜

新华路 321 号拥有百年历史的独栋花园洋房在五年前被法国里昂名厨 Nicholas Le Bec 夫妇辟为一间法式餐馆。餐厅内空间极丰富，拥有餐前酒吧区、法式散客区、雪茄房、户外下午茶烧烤区以及温室落地窗包房，花园一角还有一处喷泉小广场，可供举行婚礼等庆祝仪式。食客入内，每个角落都有充满绿植以及艺术品摆放，精巧同时拥有浓郁法兰西大宅气氛。对于法餐有深厚把握的总厨 Nicholas，每日坐镇餐厅，严控出品，多年来 le bec 321 在上海一线西餐行列中，口碑绝佳，不论私人聚餐还是小型晚宴，深受食客追捧。进店招牌法式自制鹅肝酱、慢煮牛脸肉、酥炸蛙腿、焗烤蜗牛、牛肉塔塔，从酱汁到酥皮，从肉类选材到烹饪火候，均手势娴熟，并且根据中国食客喜好，改良了传统法餐的腻滞感，另烘焙面包与甜品亦惊艳。

推荐招牌菜

牛肉塔塔
法式传统风味馅饼
海胆佐龙虾啫喱及栗子浓汤
炭烤牛肉佐杜松子，焗烤洋葱及红酒可可酱汁

021-62419100 /021-62419180

上海市长宁区新华路 321 号

周二至周四 17:45—01:00
周五至周日 11:45—01:00
每晚开餐时间 17:45（周一不营业）

745 元 / 人

Bistro Sola

法国菜

隐藏于嘉善路一隅的 Bistro Sola，由来自日本北海道的主厨男泽元哉主理。在这幢铁木结构为主的小楼里，一楼为吧台，二楼可以看到开放式厨房，三楼则是一个跃层小平台，最出彩的是四楼露台，风光宜人，餐厅名“sola”（日语“天空”）也因此而来。主厨曾在多家海外著名餐厅任职，对海鲜、肉食、蔬菜等各种食材的运用有着很深的造诣。料理方法上，以法式料理为基，杂糅着他对于日料和中国食材的理解，所有菜式都是主厨根据时令食材制作。法式煎鸭肝可以搭配昆布汤慢炖出的白萝卜和绿柚子味增酱；用纤细的操作在小鱿鱼里塞入法式煮蔬菜以及虾仁扇贝、红毛蟹肉等食材并封口锁住汁水烤制再搭配特制的酱汁，口感丰富，风味独特；由于只选用当季新鲜海胆和鲍鱼，故此菜品时有时无，为隐藏菜单中最特别的招牌．主厨特选套餐则会更全面地展现主厨的实力和喜好。

推荐招牌菜

煎法国露杰鸭肝“DAIKON”配绿釉子酱
日本北海道扇贝刺身配黑松露百香果酱
小鱿鱼塞虾仁扇贝配墨鱼汁藏红花蛋黄酱
新鲜鲍鱼配盐水海胆意式炖饭

021-33563580

上海市徐汇区嘉善路 510 号

11:30—15:00，17:30—22:00
（每周一休息）

348 元 / 人

Bo Shanghai

创意菜

穿过老香港“九龙城寨”风格的休闲餐厅 Daimon Gastrolounge，一扇隐秘门和时空隧道般光影走廊的尽头，是豁然开朗的一处新天地；一字排开的吧台餐席，可饱览开放式厨房的一举一动，沿江包房收纳正对陆家嘴的天际线 ...... 这里就是由“厨魔梁经伦”打造的极致中餐——Bo Shanghai，以八大菜系的地域风格为本，加上主厨不羁搞怪的个性和半路出家的天马行空，构成前无古人的中餐创意。餐厅以十道式的品鉴菜单，带领食客踏上一段独特的中华美食旅程，例如福建省的红曲、江苏省的香醋、四川省的麻辣、广东省的煲汤 ...... 皆以一种挑战极限的趣味技法和样貌呈现，正如厨魔梁经伦所说：“我看待食物的角度和我所理解的创作始终，让我可以去打破传统菜系的界线。”

推荐招牌菜

苏
川
闽
鲁

021-53833656

上海市黄浦区广东路 20 号外滩五号 6 层

周三至周日 18:00—23:00

2200 元 / 人

黑珍珠聚焦时刻

在右手臂纹有“厨魔”二字的梁经伦 (Alvin Leung)，是当今亚洲厨坛令人心生敬畏的创意名厨。其在香港和伦敦的餐厅项目，一次又一次地挑战着人们对于中餐极限的理解，也启发着一众现代中餐主厨。2016 年 , 他把这份极限带到上海 , 在外滩五号的六楼创立了一间以八大菜系为灵感和蓝本的现代创意中餐厅：Bo Shanghai。穿过休闲餐厅 Daimon Gastrolounge，就进入了 Bo Shanghai 的世界：以木质为主要元素 , 一字排开的开放式厨房是这里的绝对主角。十道式的品鉴菜单以“旅程 Journey”为主题，每一道菜的主菜名对应着中国的一个省份 : 从龙井虾仁中获取灵感的“浙江”、从夫妻肺片转型而成的“四川” , 都是餐厅开业以来为人津津乐道的创意料理。Alvin 说自己的想法源于“一只看过去的眼睛”和“一只看未来的眼睛”，这是记忆和创意之间的碰撞和平衡。以第一季的“四川”为例， 取记忆中夫妻肺片的主要食材 , 用油封鸭胗、卤鸭舌、鹅肝，搭配薰衣草啫喱、新鲜花椒与六种香草做成的绿色酱汁，以及大豆和辣椒低温脱水而成的粉白色辣椒粉末一口咬下，当薰衣草的花香、鹅肝的顺滑夹杂着隐约的辣味和辛香在唇齿间散开，即感受到 Alvin 风格的打破界限。诸如此类的创意在 Bo Shanghai 持续地发生并更新着，就像最新的“四川”，则成了斑鱼、海蜇和四川红油的组合。

Mercato By Jean-Georges

意大利菜

在意大利语中，Mercato 意为“市场”。因此在这家由法餐名厨 Jean-Georges Vongerichten 和外滩三号共同开设的意大利餐厅里，到处散发着“农场时尚”的自然和活力。餐厅位于外滩三号六楼，除了享有浦江美景外，出自如恩设计的室内空间同样新颖别致——再生木材与皮革触感，金属和梦幻的灯光，都诉说着有机天然与知性摩登间的流转。行政总厨柴懿辰（Kelvin）被 Jean-Georges 先生誉为“上海餐饮界的未来之星”，他在季节性创意菜单的创作上，善于将顶级意大利原材料与最新鲜的本地时令食材相结合，同时，如烤鲷鱼、酥脆牛肋排等都是为人津津乐道的招牌菜肴。当然，千万不要错过 Mercato 的比萨，每一枚都是由意大利进口小麦粉制作而成的特殊生面团，经过原木烤炉超过 300℃的烘烤后，有着轻薄且柔软耐嚼的迷人口感。

推荐招牌菜

黑松露、三种芝士和有机鸡蛋
温热海鲜沙拉配牛油果，柠檬和荷兰芹
自制奶油芝士配蔓越莓酱，橄榄油和香烤面包
布拉塔芝士配柠檬果酱，海盐和罗勒

021-63219922
上海市黄浦区中山东一路 3 号 6 层
17:30—22:30
624 元 / 人

Mr & Mrs Bund - Modern Eatery by Paul Pairet 

法国菜

尽管位于上海的奢华地标外滩十八号，2009 年开业的 Mr & Mrs Bund 却坚持不用高级法餐来定义自己。在名厨 Paul Pairet 的创作初衷里，MMB 是一家由顾客主导的、家庭分享式的大众流行餐厅。这里的零点菜单由约 150 道菜组成，因为 Pairet 相信扩大菜单选择范围，每道菜都会具有它独特的个性和微妙的不同。作为一位美食平等主义者，他将松露和可乐均视为无分贵贱的食材，这形成了 MMB 自由时尚的世界风味，也从食物至氛围营造出家庭分享式的友好和有趣。餐厅在空间设置上既开放又保留了恰当的距离感，中央长桌可以同时容纳 20 位食客；32 款杯卖葡萄酒和庞大的菜单一样，把发现和组合的权利交给顾客，从而找到心仪的味道。另一个小贴士是：你很可能在 MMB 吃到 Ultraviolet 的同款菜色。

推荐招牌菜

主厨独创松露原味面包
主厨独创柑橘罐蒸大虾
主厨独创香浓柠檬塔
主厨独创酱烧牛长小肋排

021-63239898

上海市黄浦区中山东一路 18 号 6 层

周一至周三 17:30—22:30
周四至周五 17:30—02:30
周六 11:30—14:30，17:30—02:30
周日 11:30—14:30，17:30—22:30

850 元 / 人

OPPOSITE by Jenson & Hu 

创意菜

      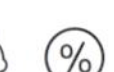

OPPOSITE坐落于低调繁华的建国西路上，主打新派欧陆菜系。餐厅一楼是包厢和吧台，二楼则是散座。楼上楼下，色调一明一暗，气氛一冷一暖。正如餐厅之名“OPPOSITE”（对立面），看似相悖，却互补相益。主厨Jenson是加拿大华裔，学法餐出身，曾经在各种厨房工作过，极其擅长跨国界混搭，选材用料不拘一格，不止融合欧洲大陆美食特征，也会闪现出亚洲风情，例如金枪鱼薄脆的灵感就是来自辣味金枪鱼寿司。菜单中既有适合分享的菜式，也有适合私享的品鉴菜单，比如说将海胆鲜厚风味与基底蛋羹相互辉映的鱼子酱海胆蛋羹、完全不同于传统西式的龙虾面等等。而周末的brunch（早午餐）则以性价比著称，在楼上吃完正餐后，下楼小酌几杯，花园里吹吹小风，是最顺理成章的选择。

推荐招牌菜

鱼子酱、甜虾、海胆、蛋羹
烤牛舌、松露蛋黄、姜味酱油汁
海胆、海胆黄油、虾汤、意大利面
薄脆苹果挞、香草冰淇淋

021-64270127

上海市徐汇区建国西路222号（近嘉善路）

周一至周五 12:00—14:00，17:30—22:00
周六至周日 12:00—15:00，17:30—22:00

500元/人

PRIMO1

意大利菜

PRIMO1，在意大利文中意为“第一名”，是间自信满满的意大利餐厅。入门处的就餐区紧邻吧台和比萨烤炉，以红黑两色为基色，亦有独立菜单。内里则是狭长的正式就餐区，餐位背靠风光无限的大露台，面前立着一排可移动酒柜，里面收藏了几乎意大利所有口碑最佳的葡萄酒，同时运用不同的排列组合可以构造不同的包房。“第一名”的信心主要来自声名远播的老板主厨薛哲君（Jacky），年纪轻轻却经验丰富，曾在世博会期间为前意大利总理贝卢斯科尼定制菜单。餐厅坚持选用好品质的食材。在薛哲君看来，只有上好的食材加上用心的厨艺，才能呈现出一份色香味俱全的意大利记忆。值得一提的是，除了菜单上的美食，客人还可以根据自己的需要定制菜肴。

推荐招牌菜

澳洲和牛牛排
西西里特色海鲜拼盘
海胆冷面
巧克力海盐烤比目鱼

021-63150127

上海市黄浦区湖滨路 168 号无限极荟商场三楼 W02-03 号

11:00—23:00

700 元 / 人

食光西餐厅

意大利菜

“Fare la scarpetta”，意为“用面包蘸取盘子里剩下的美味酱汁”。隐藏于闹市中心的意大利餐厅 Scarpetta 从 2012 年开业起就以地道的比萨和轻松温暖的小食俘获街头小酒馆一族的喜爱。改制后，焕然一新的餐厅以简约浪漫的北欧风营造出更符合当下审美潮流的氛围；墙上悬挂的艺术化黑白照片，不少源于店主 John Liu 的创作。同时，Scarpetta 在菜肴上回归“简单、好食材、美味”的原则，以求突破上海的比萨水准。常规菜单上的比萨口味多达十二种，选料既有尊重传统的，也有突破性的选题；独家研制的比萨面饼，饼底有着“脆、薄、蓬松”的特点，它吸饱了选料的风味精华，使自己成为不忍被舍弃的美味。餐厅的六款意大利面同样地道、暖心。这样一间细心精致、温馨舒适的小馆子，难怪能在竞争激烈的上海西餐圈屡获回头食客。

推荐招牌菜

蛏子比萨
松露鹅肝比萨
香烤牛骨髓、手工猫耳朵面
和牛生牛肉松露薄片

021-33768223

上海市黄浦区蒙自路 33 号

17:30—22:00

300 元 / 人

索洛餐厅

意大利菜

上海厨人 Leo 在日本和意大利师从意餐大厨多年，擅长融合不同饮食文化之元素，开设带有意大利、日本以及中国本土风格的意大利餐厅 Solo（索洛餐厅），藏在衡山路已数年，出品别具一格，配酒精选小众精品葡萄酒，是隐匿市区的精彩小馆。餐厅占据街边一幢红色三层小楼，窗外梧桐街景，窗内白桌黑椅，墙上有欧风涂鸦，客人多以熟客为主。餐单上意式传统菜色采用番茄、橄榄油、玫瑰盐等天然调味，选材多为进口牛肉、新鲜渔获以及本地时蔬，带有中式改良风格的出品，很少同其他餐厅有雷同。炭烤厚切牛舌配黑蒜酱堪称一绝，表面酥脆有焦香，内芯柔嫩，每日限量供应需预订；隐藏菜单的爆款招牌葱油拌面，晚餐预订随餐赠送，21:30 开始的夜宵和超值牛排一起成为不可抗拒的夜宵亮点。

推荐招牌菜

Solo 二味鹅肝拼盘
牛肉塔塔配黑橄榄牛油果
墨鱼汁牛肚小鲍鱼
西西里煮海鱼

021-64330779
上海市徐汇区衡山路 237 号
周一至周五 17:30—00:00
周末 11:30—00:00
200 元 / 人

禅一•静观堂

粤菜

禅一•静观堂就像个不露声色的隐士，在闹市区的地下藏起整个宝库。这是一个血统复杂的综合体，禅意是它的灵魂，风雅是它的气质，艺术是它的注脚，看似佛系无欲无求，却胸怀万千——包房对联是左宗棠的真迹，楼道边挂画的署名是刘海粟，墙壁上嵌着雕花窗楹，顶上悬着龙凤房梁，巨型花梨木的东阳木雕，如同陈列馆般的玉石摆设。餐厅主打粤菜，推崇养生膳食，对食材尤其挑剔，选用新鲜食材烹饪，蔬菜来自有机农场上膳源，厨房里没有味精。传统的鲍参翅肚都拿手，鲍汁尤其是一绝，需用上好的母鸡、猪骨、猪蹄还有很多海鲜熬上 8 个小时，方可得这浓稠、剔透的鲍汁，用来炖鲍鱼或者捞面都是极好的。此外，主厨也会使用国外的烹饪方式或者酱料来增加风味。

推荐招牌菜

日式生鱼片
松露蒸小青龙
鲍汁鹅肝卷
珊瑚星斑件

021-52530303
上海市普陀区长寿路 97 号
11:00—14:00，17:00—22:00
600 元 / 人

传承料理小羽

日本料理

小羽在上海已经经营了十一年，热爱上海的主厨兼老板堀田智是其灵魂所在。来自九州熊本县的他，曾在韩国驻日本大使馆当过私厨，深谙怀石料理之奥妙，并逐渐将正襟危坐的怀石料理打造成了独具海派风情的日式传承料理。小羽装修简洁，没有固定菜单，根据当季食材来确定当日菜单。春季吃鲷鱼，夏季烹香鱼，秋日里则会用到本地大闸蟹，冬日里的安康鱼肝是为一绝。同时使用当季花草进行装饰摆盘，食器精美，立体造型美轮美奂。让四季更替如同变奏曲一般，跌宕起伏地展现在餐桌上。菜单是典型的怀石料理，以八寸开席，碗物入戏，生鱼片调情，烤物、煮物、扬物渐入佳境，最后会有食事收尾。虽然在怀石料理中，食事多是炊饭或是高汤面，但堀田主厨亦会理解本地客人的爱好，提供寿司选项。因为在上海住得久，堀田很懂本地人的口味和习惯，对老客人的喜好更是谙熟于心，令小羽总有一派其乐融融的归家气氛。

推荐招牌菜

八寸
豆腐香菇蒸金目鲷
和牛
向付

021-60402969

上海市徐汇区淮海中路 1285 弄上方花园 55 号

18:00—22:30

1080 元 / 人

大蔬无界·上海徐家江公园美素馆

素菜

大蔬无界是沪上创艺蔬食料理的先锋。一直主打无国界、无地界的概念，既没有抛弃中式传统蔬食，也融入了现代烹饪的先进技法。摆盘精致，如画作般引人入胜，还有“满城尽是黄金甲”“大珠小珠落玉盘”这样生动有趣的菜名，让人怎能不心动。

大蔬无界美素馆位于徐家汇公园对面，虽然开业已将近七年，但毫无过时落伍之感。餐厅足有五层楼高，风格清雅，古意盎然。原木桌椅、原石踏板，设计线条简单利落、方圆相嵌，临街墙面镶着大面积的玻璃窗，让整个空间显得通透而豁朗，也让二楼靠窗处成为最受欢迎的位置。或许是因为素食馆的缘故，这里的服务生都谦和有礼，说话斯文软糯，上菜时还会解释菜品。吃得有趣，更要吃得舒服，顾客才会一来再来。

推荐招牌菜

巴蜀夫妻
大珠小珠落玉盘
彩虹
卷珠帘

021-34690831/ 021-34692857
上海市徐汇区天平路 392 号
11:00—14:00，17:00—21:00
229 元 / 人

黑珍珠聚焦时刻

创建于 2011 年的大蔬无界曾是上海人均最高的素食餐厅，联合创始人宋渊博从事素食餐饮十八年，他对素食有一种近乎信念的执着。为了能做出心中的极致素食，宋渊博对厨师从厨魂、厨德、厨技、厨政、厨艺这五个方面提出了严格甚至苛刻的要求，他希望能用美学赋予食材新的生命。“你必须要把原料当颜料、把刀铲当画笔、把餐盘当画布，用菜品来成为作品，用作品来呈现人品”。在 IPAD 菜单上，几乎每个节气都有对应的食材，餐厅延续了古人不时不食和药食同源的理念，春天吃绿色，夏天吃红色，秋天吃白色，冬天则要吃黑色补肾的食物。在菜品制作上，则是百菜百味，不拘一格，既有印度的咖喱，也有中式的豆制品，还有日式的昆布高汤，来自世界各地的各种烹饪手法，在同一间厨房里，统一了姿态，也增加了风味。餐厅推出了菌菇特辑，云南鲜鸡枞菌与幼嫩黄瓜仔一起滑炒，鲜美多汁，便有了“春意闹”；酱烧紫茄取中段，里面加了松露，底部搭配了蒜香味的绣球菌，点缀酥香的炸蚕豆瓣，各种香气互相撞击，软糯与脆弹相互迎合，个性相补，体质互搭。除了根据时令更换的应季菜品，也有一些经典之作。比如说，必点汤品福寿全，浓稠的南瓜汤，慢蒸煮各式菌菇，醇厚香浓，不肥不腻，令人念念不忘。

斐霓丝餐厅酒吧

法国菜

斐霓丝餐厅位于璞丽酒店二楼，俯瞰静安公园，是个闹中取静的好去处。餐厅以几何线条划分空间，低饱和度的暖色调充满现代气息，金属、原木材质混搭相依，落地大窗前挂着竹帘，窗外一片杉树丛顶若隐若现，颇具禅意。行政主厨 Michael Wilson 来自澳大利亚，30 岁出头，厨艺精湛，想象力丰富。餐厅主打当代法式料理，风格独树一帜，既有不考虑卡路里的重口味，也有轻盈明快的轻食范儿；既有视觉上的冲击力，也不会喧宾夺主。招牌鸭脖子弹眼落睛，把鸭肉和鸭肝打碎成肉糜，和上鸭肝丁塞在鸭皮里，烤到外皮酥脆，内里弹韧多汁；法国乡村菜炸蛙腿做得清丽明快，外脆里嫩，配着黑蒜酱汁和欧芹酱。此外，餐厅甜品水准极高，主打法酿酒的酒单亦是可圈可点。

推荐招牌菜

油浸乳猪
肋眼牛排
法式猪肉鹅肝馅饼
香煎鹅肝

021-22166988
上海市静安区常德路 1 号
早餐 06:30—10:30
周一至周五 12:00—22:00
周末 11:30—22:00
酒吧 17:00—23:00
631 元 / 人

福 1088

本帮菜

福 1088 藏身于镇宁路上的一栋老洋房内，洋房主人的祖父曾是张作霖的财政部长，隔壁就是李鸿章小儿子的房子。如今这两幢相邻的三层老洋房被打通，成了福 1088 的居所。从一楼到三楼，每层都由大大小小的包厢组成。含蓄深沉的色调，雕刻精美的走廊扶手、Art Deco（装饰艺术）风格的丝绒座椅，分分钟将你拉回到 20 世纪二三十年代的软红十丈里。会所内有着无数主人收藏的老家具和古董，重塑当年上海大户人家的场景。行政总厨卢怿明是土生土长的上海本地人，菜单里有不少经典上海菜，比如说在上海浮沉一百多年的金必多浓汤，从餐厅主人祖母那里传下来的秘制熏鱼，还有张爱玲爱过的老上海葡萄干冰糕。此外，也有根据老上海口味进行改良的菜品，比如用葱烤鳕鱼，或者面包干蘸蟹粉。

推荐招牌菜

黑鱼子烟熏溏心蛋
金必多浓汤
花雕醉鸡
野生大黄鱼（糖醋）

021-52397878
上海市长宁区镇宁路 375 号
11:00—14:00，17:15—23:00
800 元 / 人

伙坊水产

海鲜

伙坊水产是主营全球优质海鲜，精选牛肉、精美粤菜以及海鲜火锅的无国界料理餐厅。创意和传统的料理技术，烹饪色、香、味、形、器的菜肴，带给食客视觉、听觉、嗅觉、味觉、触觉五感上都能感知的至臻享受。“For Fun”是伙坊水产创始团队的原始理念，强调开心、快乐、愉快的用餐。有趣的是，餐厅的包厢里还自带 KTV 设施，欢聚时刻可以高歌一曲，成为家庭聚会、商务宴请、Party 狂欢的好去处。

入门的海鲜展示区非常弹眼落睛：超大的皇帝蟹、通体雪白的水晶蟹、如巨型蜘蛛的长脚蟹、十几斤重的北极近海龙虾……它们都有着市面上少见的巨大体型，住在分层水箱里，待到客人需要时，便捉出一只，就此定了终生。

推荐招牌菜

澳洲水晶蟹
蓝鳍金枪鱼刺身
稀有黑金大鲍鱼
伊朗皇家鱼子酱

021-52377777
上海市长宁区延安西路 688 弄 2 号
11:00—14:00，17:00—23:00
1000 元 / 人

季悦火锅（锦江店）

火锅

将“酒香不怕巷子深”这句话用在锦江食街里的季悦火锅真是十分贴切。成立于2013年的季悦火锅在上海高端港式火锅的版图上拥有着一批忠实粉丝。餐厅以木材和石材为空间主要构成元素：一楼的七间日式榻榻米包房，结合了简约与禅意；二楼更偏中式的空间，大量使用原石，大气却不显沉闷。海鲜是季悦的主打菜，泰国的斑节虾皇、阿拉斯加的活帝王蟹、澳洲的超大鲜鲍，每天新鲜到店。在这里，海鲜既可作为涮菜放入开水白菜、昆布锅底，也有经过广东大厨的巧手所制作的创意食法。此外，生长于大连的日本和牛，取7~8节脊柱间的肉眼肉，仅需几秒的汆烫，即呈现鲜嫩软糯的口感。可定制化的贴心服务，私密而雅致的环境，让此处成为各种纪念日的佳选。

推荐招牌菜

阿拉斯加帝王蟹
法国吉拉多生蚝
锦绣龙虾
牛眼肉

021-54667966
上海市黄浦区茂民南路59号锦江食街内
11:00—22:00
680元/人

晶采轩（恒隆店）

融合菜

晶采轩（恒隆店）是晶采轩开在上海的第五家分店，空间分布在商场四楼、五楼，每层皆有入口。进门可见层层叠叠的弧形拱门，纵向延伸至厅内，颇有几分欧式教堂的格调，安静神秘。大堂豁然开朗，大型旋转楼梯打通上下两层空间，设于地下的活水系统供养着数十只锦鲤，楼梯采用低饱和度的黑、白、金配色，隐隐透出一种中式建筑的沉静内敛。一层以散台为主，包房主要集中二层，使用的皆是新加坡著名餐具品牌“陆升”(Luzerne) 。餐厅以精制粤菜为主，江南特色为辅，菜单中，既有东星斑、辽参等传统菜品，也有龙虾麻婆豆腐等创新菜品。晶采轩对食材向来讲究，在崇明拥有 300 亩生态农场，自家土鸡入菜的白切鸡和鸡汤，肉质弹嫩，汤味浓郁；经典菜红烧肉则是自家黑毛猪肉与江浙私房酱油的完美融合，令人不忍释筷。

推荐招牌菜

翅汤焖东星斑
晶采化皮乳猪
龙虾麻婆豆腐
窝烧辽参

021-62412779/021-62457739

上海市黄浦区南京西路 1266 号，恒隆广场 4~5 层

11:00—14:00，17:00—21:30

500 元 / 人

老乾杯

日本料理

2015 年进驻上海的首家台湾烧肉大将老乾杯，自开业以来一直人气颇高。店门口有熟成展示房，超过十四种部位的 M8~M9 级和牛，在专业团队的看顾下，依照各自条件进行 30~60 日的熟成。这里主打“一头烧”，意为整头牛烧肉全席，店家自澳洲整头购买 450 日龄和牛，冰鲜空运抵沪。每天店内都有六种以上部位达到最佳赏味期，自“练功房”内祭出面客。常见部位有背帽肉、肩小排、角切贝身肉、熟成牛五花、牛肋条，薄厚嫩滑口感各异。巨块肋眼与沙朗可根据要求现切称重，经过严格训练的服务生，把这块肉烤到外脆内粉，只要一点海盐，柔嫩多汁到惊艳，尤其外圈一小块“老饕肉”，更是牙齿全程无阻碍。吃肉必喝酒，老乾杯的清酒为独家引进的日本富山县满寿泉，花香、果香明显，配肉一流。

推荐招牌菜

澳洲和牛意式生牛肉
本日限定澳洲和牛五种组合
豪华澳洲和牛 & 海胆手卷寿司
鸡肉釜饭

021-63400767

上海市黄浦区广东路 20 号 5F（外滩五号）

11:30—15:00（14:30 最后点餐）
17:00—00:00（23:00 最后点餐）

750 元 / 人

利苑（IAPM 店）

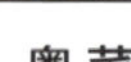

粤菜

粤菜中的“黄埔军校”利苑，已经不能用普通的衡量标准来评价这间餐厅了。作为一家兴起于 20 世纪 80 年代的香港品牌，是这间餐厅教会了无数年轻师傅何为粤菜之精髓，也是这间餐厅向食客展示了教科书一般的粤菜味道。创始人陈树杰以五十年如一日的敬业精神，守护着利苑。他最出色的成就不是遍开分店，而是通过不断进步，将中式味道糅合西式卖相。盐香芝士焗开边龙虾、XO 酱白玉蒸斑球、翠盏富贵虾球就是经过多次改良才有今天的出品。通过 1981 年在香港首创 XO 酱，及 1987 年在新加坡推出杨枝甘露，将粤菜同现代生活紧密贴合。如今上海出色的粤菜餐厅愈来愈多，但坐在利苑打磨了几十年的餐桌前，依旧是鱼鲜肉脆汤醇，点心样样称心，蔬菜棵棵挺立，集团依然每季推陈出新。能坚持优秀出品至今，利苑本身已经是奇迹了。

推荐招牌菜

冰烧三层肉
美极煎大海虾
生拆蟹肉鸡茸烩燕窝
油盐焗帝王蟹

021-54252283

上海市徐汇区淮海中路 999 号上海环贸 iapm 商场 4 层 401 铺

11:30—15:00，17:30—22:30

500 元 / 人

王宝和上海餐厅

本帮菜

由绍兴酒商创建于清乾隆年间的王宝和上海餐厅，凭借专营清水大闸蟹与老酒起家。几经岁月沉浮，上海饮食文化中蟹与黄酒在食客心中有多重要，这家餐厅的生命力就有多旺盛。步入位于王宝和大酒店二层的餐厅内，能看到不同年龄的本地食客，拖家携口来聚餐，尤其秋冬大闸蟹旺季时，菊花对蟹形、煎烹河蟹斗、芙蓉蟹粉、蟹粉牡丹虾、阳澄蟹卷搭配镇店老酒“金波”，重原汁原味，调味清淡，是本帮菜中选材、刀功、火候都极为传统的味道。平日菜单上多为沪上家常味，蟹粉小笼、蟹粉拌面搭配白斩鸡、熏鱼、炒虾仁，兼收江浙地方风味以及川粤人气菜色，还能看到煎牛排、关东煮、西式甜品等时下新味；逢时令有尝鲜菜色，刀鱼汁面、冰醉小龙虾、蟹粉松茸盅等，食客选择不一而足。

推荐招牌菜

宝和蟹酿橙
菊花对蟹形
蟹粉豆腐
蟹粉狮子头

021-53965000 转 80209
上海市黄浦区九江路 555 号
11:30—14:00，17:30—22:00
300 元 / 人

楼上火锅（茂名路店）

火锅

自 2016 年底横空出世，楼上火锅便开始引领上海港式火锅“浸入式”体验的风潮。置身于餐厅内，就像是瞬间转移到铜锣湾街头的某间打边炉：红底白字的手写推荐菜牌，20 世纪 90 年代和 21 世纪 00 年代的粤语金曲，电视机里播放里的 TVB 剧集，令人回想起自己第一次去香港觅食的场景。来到楼上火锅建议先点一轮“特式小食”：椒盐田鸡腿、沙姜鸡脚皇、韭菜猪红猪皮都是在上海难得一见的港式大排档经典菜肴。招牌锅底是金牌走地鸡煲花胶汤底，金黄色的浓汤让唇齿感受胶原蛋白的丰腴。涮菜方面，除了生猛海鲜和牛肉精选，不妨尝试一下棉花肚、港式鲩鱼腩 / 片、瑶柱西洋菜饺等极富港式特色的选择——你就会明白，为什么有香港和澳门的食客会打飞的过来吃这一口港式火锅了！

推荐招牌菜

旦哥炒鸡杂
椒盐田鸡腿
金牌走地鸡煲花胶汤底
雪花牛肉

021-62470007
上海市黄浦区茂名南路 46 号 2 层
11:00—04:00
500 元 / 人

黑珍珠聚焦时刻

楼上火锅，店如其名，隐匿于茂名南路 46 号的二楼，若不是格外留意还真是会错过。沿着楼梯步上，首先映入眼帘的是复古的繁体匾额“上樓”，以及几句充满着港式怀旧情愫的话语：“灣仔正宗樓上火鍋”“馳名鍋底湯滾肉香”“生命海鮮、不停供應”“郊外時蔬、晚飯小菜”“內設雅座、冷氣開放”——这些都是能够在香港街头食肆找寻到的印迹。走进餐厅，这种港式风格的浸入式体验愈加明显：肉食、海鲜、饮品、糖水档口都被装饰成港式街边的模样，并分别以“民記肉食公司”“發記海鮮”“維園”和“萬芳糖水”命名，让人误以为自己踏入了哆啦 A 梦的任意门，瞬间转移至铜锣湾街头的打边炉。怀旧情愫同样延续到了菜单之中，特式小食罗列了诸多在上海难得一见的香港大排档经典菜肴：炸粟米、椒盐田鸡腿、沙姜鸡脚皇、韭菜猪红猪皮，款款都充满着镬气和烟火气。从开业至今，金牌走地鸡煲花胶锅一直是这里的招牌锅底。选用 8~10 个月的广东扇鸡，炖煮 4 小时后，在上桌时剪开鸡肉、加入花胶，随着汤头的沸腾，你可以感受到胶原蛋白在锅内的变化过程。在一天营业的绝大部分时间里，楼上火锅都是一副热气腾腾的模样。好在餐厅营业至凌晨 4 点，就算你订不到餐台，也可以在凌晨 12 点去试试运气。

奈良本寿司

日本料理

由日本寿司大师奈良本健史于2010年创立的高级日料店，是上海最早引用Omakase无菜单料理形式的日料店，引领了无菜单的潮流。餐厅位于永嘉路上的一间隐秘的花园洋房内，洋房距今已有一百三十年的历史，仍然保持原有的结构，餐厅里共有30个餐位，分三间包房。餐厅在设计上采用了明治时期“和洋并用”的风格，大面积木料和石料的运用，简单利落的线条，柔和明亮的舍灯，让整个环境显得稳重大方。如今，餐厅的主厨是奈良本的徒弟王雷师傅。王雷师傅出品稳定，一招一式是地道的江户前风范。每天晚上，他都会带领着六人的团队兢兢业业在板前后厨为食客带来应季的先付、刺身、烤物、煮物、酒肴、寿司、甜品。能够在案前用母语跟主厨交流，也是很多人喜欢奈良本寿司王雷厨师团队的原因。

推荐招牌菜

刺身拼盘
和牛海胆鱼子酱寿司
火炙金枪鱼大脂寿司
星鳗鱼寿司

021-54665708
上海市徐汇区永嘉路557号
18:00—22:30(周日定休)
1280元/人

黑珍珠聚焦时刻

奈良本寿司得名于创始人奈良本健史，他曾在日本东京银座经营一家高端寿司店，在当地颇具名望，故而当年奈良本以专业度取胜，在上海一举成名。如今，奈良本徒弟王雷接了衣钵，成为奈良本寿司的掌门人。王雷师傅在八年前开始追随奈良本，一做至今。捏寿司已经成为王雷师傅固化在血液里的东西，醋饭鱼生一上手，就能自行撞击出节奏，在几秒钟之内，便能从零散的食材变成舌尖上的极乐。Omakase 是对厨师能力的极大考验。板前厨师不但需要控制食物的节奏，更要照顾客人的情绪，敏锐地发现食客的喜好，并且瞬间做出反应。客人入席，并不知道自己将会吃到什么，全靠主厨根据当日食材下判断。这里的食材按照四季物产更迭变化，春季吃星鳗鱼苗、荧光鱿鱼，夏天吃烤香鱼，秋天是松茸和秋刀鱼的季节，冬天则要吃北海道的白子、肥糯的安康鱼肝。也有招牌菜式令熟客念念不忘，比如说星鳗寿司，用的是东京湾的星鳗烤制而成；清酒蒸鲍鱼用的不是新西兰的黑金鲍就是北海道的黑鲍。寿司饭团更是重要，王雷师傅采用了三种米混合烹煮而成，在特制的保温容器里，持续保持在 30°C的恒温中。使用的醋则是用醋、糖、盐、酱油和木鱼花等食材一起熬煮出来的，才有了这独一无二的味道。

浦江春晓

江浙菜

这间主打长江鲜的餐厅，高居不下的人均很大程度都花在食材上。长江经三角洲地区，自江阴过南通由上海入东海，沿途支流纵横，两岸风土盎然，鲥鱼、江刀、河豚、鮰鱼、花鲈、江鳗等食材云集，集齐绝大部分江鲜，再找江浙本地师傅以白烧、红烧、清蒸、酒浸手法，让食客一览长江之美，是浦江春晓最擅长的事。清明前后店内有大尾江刀供客，柳叶鱼身银鳞如镜，老酒蒸透是绝顶春鲜；糟香蒸鲥鱼，铜线大小的鲥鱼鳞光可鉴人，油脂充沛的肉质在糟香衬托下香滑润；入秋江蟹最肥，月白蟹肉表面一层鲜汁。人均过千的餐厅空间当然舒适，但这里的选址亦很特别，十六铺码头原也是商船云集之地，如今坐在桌前尝江鲜，窗外江水奔流如旧，食物之外还能品出另一番意味。

推荐招牌菜

白切猪头肉
葱炒野生江虾
酒香活鲥鱼
铁板文蛤

021-63237999
上海市黄浦区外马路 601 号 3 层
11:00—15:00，17:00—22:00
1000 元 / 人

鮨心和

日本料理

位于外滩的鮨心和开业不到一年，已通过口耳相传，在上海滩立稳了阵脚。餐厅装修简洁。以桧木为基，设有一张十人位的吧台，尽头是一间六人位的小吧台包房，仅在晚上营业，提供无菜单寿司套餐。鮨心和的进货渠道别具一格，拥有远胜于常规供货商的优质食材，几乎每日都可以在此间吃到拍卖级别高档鱼生。高知县的大竹荚鱼、北海道的北寄贝、青森县大间町野生金枪鱼的大脂和中脂、山口县养殖虎河豚、广岛野生生蚝、拍卖级别海胆……俱是快马加鞭漂洋过海而来的“尖货”。玉子烧吃起来像烘蛋糕，收尾一定会用日本产时令水果，最显庄重。43 岁的河越主厨来自东京，有二十多年的从业经验，23 岁拿到了河豚料理证，功夫足、性格好，愿意用简单中文跟本地客人互动。还有两位本国副厨眼明手快、能言善道，能保持一整席的欢声笑语。

推荐招牌菜

北海道扇贝寿司
富山湾白虾寿司
金枪鱼大脂寿司
星鳗寿司

17717886076
上海市黄浦区中山东二路 22 号 507 室
17:00—22:00
1800 元 / 人

SUSHI YANG 

日本料理

SUSHI YANG 在上海开业不到一年，俨然成为业内技术流的代名词。餐厅位于一个不显眼的居民区内，设有一张七人位的寿司吧台和一间八人位的包房。没有复杂高级的装修，食客们都是单纯为了“吃寿司”这件事而来。整个餐厅只有两个员工，老板兼板前主厨的刘洋和他的徒弟。刘洋是个一说话就眉飞色舞的东北人，正值寿司师傅的鼎盛之年。他曾在日本跟随师傅修习多年寿司技艺，后定居上海，开了他的第一间自己的寿司店：SUSHI YANG。他承袭了传统的京阪寿司风格，没有眼花缭乱的寿司握法，全凭手感而定。鱼生的熟成和腌制更是店内一绝，根据鱼生的脂肪分布确定盐度和熟成时间，入口即化的熟成度令人赞不绝口，借鉴了西班牙烘蛋做法制成的玉子烧则是不容错过的收梢。

推荐招牌菜

海胆寿司
江户前玉子烧
金枪鱼大脂寿司
腌制青花鱼寿司

021-32125025

上海市长宁区兴义路 48 号新世纪广场 C 座 102 室

周二到周日 17:00—22:00（每周一店休）

1102 元 / 人

鮨直輝

日本料理

鮨直輝开业四年，主打 Omakase 高档寿司无菜单料理，每天看食材制定配餐，将空运鱼生、江户前寿司、烤炸煮熟食平均搭配，但也可以根据客人的需要进行调整。一张十二席位的吧台，四间大小不一的包厢，靠口耳相传立身。料理长 Kevin 来自台湾，长年旅居日本，入行 18 年，早年毕业于著名的日本东京服部营养专门学校调理师系，对于食材与味道协调性的要求极高。

餐厅自有进出口贸易公司专营食材，大部分鱼生都是由日本产地当天直送。吧台后面有一个全桧木制作的不插电冰箱，可能也是全国唯一一台传统日式鱼生冰箱——可以将温度保持在 3°C，也不会如电冰箱般吸收水分，从而让鱼生的口感保持在最佳状态。餐厅使用东京古醋捏寿司饭团，这让整个饭团呈现出一种高贵的淡粉色。

推荐招牌菜

赤鯥鱼乌鱼子烧配低温和牛有马山椒
金目鲷寿司
拍卖级北海道羽立紫海胆
拍卖级紫海胆配鲑鱼卵散寿司

021-54730595
上海市闵行区古北路 1838 号 4 号楼 1 层
18:00—23:00（周日定休）
1700 元 / 人

茹丝葵牛排馆 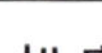

扒房

茹丝葵（Ruth's Chris）是一家创始于美国新奥尔良的牛排馆，至今已经有五十三年历史。位于上海外滩五号的茹丝葵，空间以“东方快车”为设计灵感，散发出绅士俱乐部风格及新奥尔良的爵士气质。

这里采用的是顶级熟成澳洲和牛肉，按照部位分别有菲力牛排、纽约牛排、肋眼牛排、带骨肋眼牛排、红坊牛排、战斧肋眼牛排等多种选择，每一块牛排都会在创始人茹丝•弗特尔特别研发出的约 982°C的专利烤炉中，根据牛排的不同部位以及肉质特点烤制出近乎完美的成熟度。当牛排呈现于餐桌时，由于保温陶瓷盘已经被加热至 260°C，并淋上黄油和欧芹，因此食客可以享受“滋滋作响”的曼妙音效以及和牛肉的真正美味。此外，新奥尔良蟹肉糕、香蕉奶油派和经典鸡尾酒都是承载着浓郁的美式风情。

推荐招牌菜

澳洲顶级肋眼牛排
新奥尔良煎虾
新奥尔良蟹肉糕
芝士蛋糕

021-60714567

上海市黄浦区广东路 20 号外滩五号 4 层 02 室

11:30—15:00，17:30—23:00

950 元 / 人

瑞华樟园

粤菜

瑞华樟园矗立于上海市曹家渡以西的苏州河畔，为清末江南首富、上海“徐园”主人徐鸿逵所建，是一幢中西结合建筑风格的老洋楼，迄今已有逾百年历史。

走进瑞华樟园，中西合璧式建筑风格，绿叶荫浓庭院静，一石一木，体现了精湛的艺术造诣和不苟的工匠精神。餐厅的地下一楼是酒吧区，正中间有全红木戏台，老上海风味的爵士乐队常在此载歌载舞。

餐厅由“李煮厨”厨艺团队主理。他们坚持不随波逐流，秉持纯粹的才是最好的，追求精益求精的厨艺标准和方向，有思想、有态度、高品质，让懂吃的人来吃，让经典在时间和口碑的累积中沉淀。“时间只记住精品，艺术则承认一流”，“李煮厨”融合现代时尚餐饮与传统历史文化，致力于将瑞华樟园打造为一处雅致的朋聚之所。

推荐招牌菜

冰烧三层肉
干烧大明虾配菠菜汁面
捞拌鲜海参拼活鲍鱼
蟹粉花胶羹

021-62577777 / 021-62177777

上海市普陀区凯旋北路 1555 弄 66 号（华府樟园内）

11:30—21:00

1000 元 / 人

鮨太郎 • 巓

日本料理

鮨太郎 • 巓是日本福冈的寿司匠人于 2016 年在上海开设的一家主打江户前寿司专门店，江户前寿司是日本现代寿司里最具代表性的传统寿司的流派，讲究精致极简。餐厅空降上海，一应细节全部沿袭日本福冈，不仅杯碟碗筷，连店内巨型柏木打造的寿司吧台尺寸也与福冈店一致而更彰显日式风雅。光顾此店，大厨将会根据食客喜好，在每日进店的几十种时令渔获中挑选食材，取绝佳部位，以精准刀功以及烤、渍、熟成等不同料理形式，同手握寿司相结合，最后调味时，将自家熬制过的酱油、姜茸、海盐、青柠汁等调料薄刷在寿司上，食客直接取食即可。吧台近距离可欣赏厨师精湛手法，套餐一次可尝试十余品种。此外店内还有精彩前味和不同等级日本酒供客，是上海日料绝佳选择之一。

推荐招牌菜

爱媛蓝鳍金枪鱼大脂
北海道金目鲷
富山小白虾
长崎小鰆鱼

021-64737017/ 13636594917
上海市徐汇区建国西路 466 号
11:30—14:30，18:00—23:00
1500 元 / 人

苏浙总会

川扬菜

苏浙汇近二十年前就开始以江浙菜尤其上海本帮菜的改良为特色，一众中青年本土厨师手下时代名菜频出，深受上海三代食客认可，而苏浙总会作为苏浙汇旗下高端品牌，带有传统元素又能贴合现代风味的浓油赤酱，是新派本帮菜的代表之一。餐厅选址位于浦东新区一级商圈国金中心内，空间开阔，陈设精致，包房适合高端商务宴请，菜色中既有独创梅干菜鲍鱼和鸽吞燕，也有传统淮扬派狮子头、大煮干丝，兼有甬派海味膏蟹、黄鱼，以及本帮代表酒香草头与酱鸭等，从传统升级而来的大菜如鱼唇拆烩鱼头，食材矜贵而刀功熟练。同时餐厅也融合中西方食材和各菜系烹饪方法，黑松露鹅肝包生菜与招牌京葱目鱼方，都是不断改良多年不衰的味道。

推荐招牌菜

葱白热炝明虾片
招牌干鲍扣梅菜香米
淮扬拆烩大鱼头
烟熏黄鱼脯

021-50127728

上海市浦东新区世纪大道 8 号国际金融中心 4 层 L4-13

周一至周日 11:00—14:30，16:00—23:00

595 元 / 人

新大陆 - 中国厨房

江浙菜

位于上海外滩茂悦大酒店一楼的新大陆餐厅，善治本帮江浙菜，更有果木烤鸭独步上海，自开业起，便受到了广大食客的喜爱和推崇。不落窠臼的创意和稳定的出品，对于食客味觉兴奋点的巧妙把握，让新大陆的口碑长盛不衰。

餐厅并不算大，以散台为主，亦有简单划分的隔间，白日里光线明亮柔和，色调典雅温暖，有种居家的惬意。四个开放式厨房是增添趣味的小剧场，厨师在玻璃窗后手脚不停，墙架上的白色汤罐和桌台下的褐色瓦罐们打造出人们想象的传统中式厨房。旁边燃着火的砖砌烤炉重达七吨，专为烤鸭而砌。

新大陆的菜单并不复杂，看着并不觉得高深，但上菜却能吃到惊喜。你可以从用料、选材、塑形等各种细节中，品出其用心烹饪的真诚之意。

推荐招牌菜

传统老北京果木烤鸭
宫保明虾球
金牌扣肉
新大陆招牌石锅鳕鱼

021-63931234 转 6318

上海市虹口区黄浦路 199 号上海外滩茂悦大酒店东楼 1 层

11:30—14:30，17:30—22:30

500 元 / 人

黑珍珠聚焦时刻

每一间成功的餐厅背后，都有一个值得尊敬的主厨。新大陆餐厅尤其如此，主厨杜才清是新大陆的灵魂人物，他长相清秀，少年得志，被上海外滩茂悦大酒店招揽时还不到 30 岁。如今，杜主厨已然是上海滩最具代表性的本地名厨之一。新大陆的定位是“地道、传承、中国美味”，在保持零点菜单稳定性的同时，杜师傅坚持一年发布四次季节性菜单，如同时装发布会一样，实时传达最新鲜的时令味道。在这里，你可以吃到最传统的功夫菜。需要预定的果木烤鸭，每天只烤 48 只，每只烤足 70 分钟。这里的烤鸭酱，则是加入了花雕和蜂蜜一起蒸制而成，更适合江浙人士的口味。招牌菜金牌扣肉同样需要预订，前后需要将近 4 个小时的烹饪时间。除了五花肉要焖得酥烂入味之外，还要将一块 15 立方厘米大小的五花肉削成长条堆成宝塔状，再塞入笋干、茶树菇、板栗烹成，据说把肉条摊开来足有 5 米多长。用南瓜薄饼包了吃，完全不觉得油腻，只觉得香甜顺口，柔美多汁。季节性菜单同样展现着杜师傅对于食材的想象力和把控力，比如说春季的油焖笋是非常传统的本帮菜式，杜师傅则会配上幼嫩的小豌豆和虾子，提鲜解腻。而原本简单的香椿豆腐加上肉松、蟹肉灌筑成塔，个但模样好看，更在舌尖上增添了万种风情。

洋房火锅（新天地店）

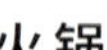

火锅

如今拥有两家门店的洋房火锅可谓是沪上高端火锅的鼻祖之一。坐拥独栋洋房的新天地店，闹中取静。餐厅环境融合了 1930 年老上海大户人家的精致与豪情，各种艺术品的加持让空间的气派感倍增。一楼散座大厅热闹而不感喧哗，由十间独立包房组成的二楼，还有着挑高极高的中庭，以及一间酒窖。洋房火锅的招牌是海鲜与牛肉。先来上一锅香气浓郁、口感顺滑的松茸锅底，喝完热气腾腾的汤，烫上几片雪花纹路曼妙的牛肉、触须尚在蠕动的竹节虾；接着来上一碗腊味煲仔饭，最后享受一份顺德奶冻的醇滑，是循序渐进的极佳体验。另外，洋房火锅的服务也值得一提，从步入餐厅直至离开，均有专人服务，好友聚会、商务宴请皆是极佳选择，是当之无愧的“老洋房里的顶级火锅体验”。

推荐招牌菜

顶级黑毛牛肉
禾牛炒年糕
响螺片
养生花雕鸡汤底

021-63338778
上海市黄浦区黄陂南路 376 号
11:00—04:00
1000 元 / 人

御宝轩

粤菜

新加坡是亚洲美食重镇，城市的高度国际化孕育出多元饮食文化，名店名厨云集，御宝轩就是其中之一。来到上海开业至今六年，御宝轩一直食客盈门。这间餐厅不但拥有出色的传统粤菜出品，还兼备南洋风格胡椒炒蟹等招牌菜，更取材江浙，以岭南姜蓉干蒸手法烹制千岛湖鱼头，给予江浙食客熟悉又精细的菜品体验。此外作为一家贵价餐厅，御宝轩还推出有平价早茶，精工出品老幼皆宜，周末席全家一起去吃早茶，是最放松舒适的用餐体验。求新求变、反应迅速是新加坡品牌的特点。御宝轩除了精选本地优质食材之外，后厨所需青膏蟹和一些特殊配料，一直坚持自家乡进口，保持高水准出品；同时每季不断创新，将顶级西方食材运用至中餐烹饪中，令食客常去常新，值得信赖。

推荐招牌菜

干葱榄角爆蟹钳
金牌流沙包
金网脆皮虾肠粉
女儿红蒸河鳗

021-53081188

上海市黄浦区北京东路 99 号益丰 • 外滩源 4 层 402-403 号

周一至周五 11:00—14:30，17:00—22:00
周末及节假日 11:00—15:00，17:00—22:00

500 元 / 人

玉芝兰

川菜

以“大刀坐杠金丝面”享誉成都的隐匿私房菜馆玉芝兰，一年前入沪开设分号，地址位于巨鹿路一处独立洋房内，四五间包房内陈设简洁，每晚仅容几十人光顾。这里人均过千的当代川菜宴席，全部采用分餐位上，须提前一日预订，总厨兰桂均崇尚以汤制菜的烹饪哲学，善选食材，不惜工本，融入创意，且深受日本料理影响，十几道式订制餐单中，金丝面的鸡清汤、黄鱼狮子头的鱼汤、吉品鲍的鲍汁、酸辣辽参的海鲜汤轮番出场，一味增一味，一味和一味，一味减一味，滋味由轻转浓再归于淡，起承转合，为食客呈现顶级川菜的调和之味。席间食物盛器有景德镇瓷器与四川漆器，件件是兰师傅设计定制，控温同时亦有寓意。相比成都玉芝兰，上海店则特邀知名侍酒师针对菜品设计酒单，香槟、起泡酒、新老世界葡萄酒、清酒与中国白酒，一同为餐桌增色。

推荐招牌菜

川西一绝——大刀坐杠金丝面
纯正酸辣鲜辽参
豆瓣鳗鱼
本色原味吉品干鲍

19946163557/15389457263
上海市静安区巨鹿路 851 号
11:30—15:30，18:00—22:30
1300 元 / 人

黑珍珠聚焦时刻

在玉芝兰创始人兰桂均的心目中，餐厅分为四个等级，家常小馆、社会酒楼、酒店餐厅与私房菜馆。私房菜馆是厨师通过长时间实践、总结与积累，对食材与烹饪形成充分认知后，将最高水平展现成一席完整私宴，以供对味觉有相当品味的食客享用。兰桂均用了二十年在中国、日本、欧洲等地工作、游历，融汇多方食材与菜系之长，之后开始在自己的私房菜馆里，将自己的川味哲学付诸实践。

玉芝兰的烹饪思想是以汤定味、以食材定格，以调辅料定神，川菜中的复杂怪味、鱼香、酸辣，完全抛离现代增鲜手法，仅用不同食材高汤的自然之味来调和。大刀金丝面用熬制 10 小时的清鸡汤，汤色淡金透亮，入口回甘；熬制 5 小时的牡蛎鲜汤浓缩大海鲜甜，搭配酸辣海参，彼此应和；结合粤式与江浙手法的原味鲍鱼，将日本 20 头吉品鲍与土鸡、土鸭、猪肘、瘦肉、火腿同煲，底汤经长时间收浓后呈赭石色，不加干贝等其他干货增鲜，仅突出鲍鱼醇厚；最常见的麻婆豆腐，也要先用鲜牛肉熬 4 小时制成微酸浓汤，再以汤入味豆腐，之后才烧制成菜。

把控出品之外，一应餐具也由兰桂均亲自设计，鱼形碟、高脚盏，花纹古朴，格调高雅，与玉芝兰的菜品相依相佐，自然地衬托出食物之美。

子福慧

粤菜

子福慧居于虹桥一栋白色洋房内，采用包房制，主打江鲜、粤菜，以无菜单的管家式服务脱颖而出。餐厅虽有一副欧式洋房外观，但内里却颇具水墨丹青意境：方圆线条彼此交错，互相传情表意，让方之有序和规则，与圆之圆融和专注，在简单线条的勾画中，呈现出一方清居净土，禅意十足。餐厅共有大小七间包房，顺承中国道家“五行八卦”的概念，定名为“乾、坤、泰、大有、益、谦、丰”。餐厅的掌门人是有“绅士主厨”之称的名厨周子洋，他坚持“不时不食”的准则，精选原产地食材，定制符合每位食客需求的私宴。食出本味的粤菜向来能够抚慰一切挑剔的味蕾，而江鲜则更能勾起当地食客的一种童年记忆。深谙熟客喜好的用心服务，也会让回头客们称心满意。

推荐招牌菜

脆皮雪花牛肉
黑松露江鳗配关东参
鸡油煎长江活鲥鱼
鸡枞菌野竹笙（荪）炖花胶

021-33887577
上海市长宁区虹桥路 1665 号 C2 幢别墅
10:30—14:00，17:00—22:30
1327 元 / 人

黑珍珠聚焦时刻

子福慧的掌门人周子洋不过 30 岁出头，长着一张明星脸，眉目清秀，举止儒雅。早年间，他是玩过摇滚的叛逆少年，玩过乐队，弹过吉他，还擅长摄影。他曾上过美食类综艺节目，颜值出挑，声带磁性，吸引一大片粉丝，却越加低调起来，不乐意抛头露面了。

相对于主厨，周子洋更有些艺术家的风范。审美极好，做事情周到而细致。对食材如是，烹饪如是，更会跑遍五湖四海搜罗食器，让子福慧形成了一以贯之的审美主体，似主人家的藏娇金屋，藏的是一切自己喜爱的事物。

子福慧向来看食材出菜单，季节是餐桌风味变化的主导者。三四月份是江鲜的旺季，刀鱼、河豚样样美。有几样是常年备货，家烧红汁野生河鳗是主打菜，相对于寻常河鳗，野生品种更加滑嫩，如同水豆腐般吹弹可破，汁浓味重。但做法略有不同，有时是蒜头铺底，软糯鲜美，有时是老豆腐烧河鳗，酱汁浓稠，拌饭满分。秋冬上线的则是膏肥油满的黄油蟹、个大壮硕的长江蟹、稀罕的野生黄鱼、新鲜鸡头米混着去皮绿豆仁煮出绿豆甜汤。

这里的厨师心细，来过的老客人，都记着尽量避免让客人吃完全重复的菜式，可以说常见常新。对于熟客来说，子福慧简直就像家厨一样方便。吃酒吃到半晌，临时下单青椒炒荷包蛋这样的下酒菜，厨房也会立马上灶开火。

醉东（静安嘉里店）

江浙菜

得名于陆游诗词中“醉东篱”的意境，创意中餐吧醉东在体现“最东方”的食材和风味的过程中，大胆地加入了寰宇美食的创意和技法，诸如独创的朗姆酒茶叶鹌鹑蛋、奶酪焗梅干菜肉末，令传统食物更易靠近年轻一代及国外食客的喜好。同时餐厅对于传统中式菜肴的精进也深得人心，脆皮肥肠、水煮龙头考、沙蒜豆面均入味三分。这些都得益于店主阮博平对于家乡——台州料理的记忆以及对于世界各地美食的寻觅与探索。此外，醉东在空间氛围上亦打破了中餐厅的定式，以工业风结合光影形成了独树一帜的时髦中式 bistro（小酒馆）风格。除了融合风的菜肴及台州特色小海鲜，店内自创的中式鸡尾酒亦不容错过，一杯同店名的 The Orient，在波本威士忌标志性的甜香间，将代表着东方文化的橙香、桂花香、茶香逐一铺开，愈显中西合璧之美。

推荐招牌菜

脆皮肥肠
沙蒜豆面
水煮龙头烤
台州大黄鱼烧手工年糕

021-52715727

上海市静安区南京西路 1515 号 嘉里中心北区 3 楼 N3-26

11:00—14:30，17:00—23:00

228 元 / 人

黑珍珠餐厅指南

THE BLACK PEARL RESTAURANT GUIDE

其他 26 个城市上榜餐厅

城市	数量	城市	数量
澳门	14	巴黎	8
北京	30	成都	15
重庆	6	东京	25
广州	14	杭州	15
昆明	3	曼谷	5
南京	5	宁波	6
纽约	10	汕头	4
深圳	7	顺德	5
苏州	6	台北	4
台州	3	天津	3
武汉	4	西安	6
厦门	3	香港	21
新加坡	7	扬州	3

注：城市按拼音首字母排序；同城市餐厅按钻级由高到低排序，同等钻级餐厅按拼音首字母排序

商户名称	城　市	2019 年钻级
天巢法国餐厅	澳门	◆◆◆
巴黎轩	澳门	◆◆
皇雀印度餐厅	澳门	◆◆
永利宫	澳门	◆◆
御膳房	澳门	◆◆
誉珑轩	澳门	◆◆
8 餐厅	澳门	◆
大厨	澳门	◆
金坂极上寿司	澳门	◆
京花轩	澳门	◆
桃花源小厨	澳门	◆
陶陶居海鲜酒家	澳门	◆
協成海鮮火鍋	澳门	◆
紫逸轩	澳门	◆
Le Cinq	巴黎	◆◆◆
Epicure	巴黎	◆◆
Guy Savoy	巴黎	◆◆
JEAN-FRANÇOIS PIÈGE—le grand restaurant	巴黎	◆◆
Pierre Gagnaire	巴黎	◆◆
Kei	巴黎	◆
Sola	巴黎	◆
银塔餐厅	巴黎	◆
大董（工体店）	北京	◆◆◆
Amico BJ	北京	◆◆
AZUR 聚餐厅	北京	◆◆
LES MORILLES 樂·墨瑞	北京	◆◆
Opera BOMBANA	北京	◆◆
北京四季酒店·MIO	北京	◆◆
然寿司（钱粮胡同店）	北京	◆◆

商户名称	城　市	2019 年钻级
新荣记（金融街店）	北京	◆◆
1949- 全鸭季（金宝街店）	北京	◆
Agua 西班牙餐厅	北京	◆
莫尔顿牛排坊	北京	◆
Tavola Italian Dining	北京	◆
宝屋日本料理	北京	◆
北京厨房	北京	◆
北京诺金酒店禾家中餐厅	北京	◆
采逸轩	北京	◆
福楼法餐	北京	◆
官也街澳门火锅（国贸商城店）	北京	◆
和木 The Home·私厨（北土城店）	北京	◆
淮扬府	北京	◆
家全七福酒家	北京	◆
利苑酒家（北京世贸店）	北京	◆
恰·丽都牛扒房 Char bar & grill Lido	北京	◆
晟永興烤鸭店（三里屯店）	北京	◆
拾久	北京	◆
沃夫冈牛排馆	北京	◆
梧桐	北京	◆
乡味小厨	北京	◆
湘爱（工体店）	北京	◆
雪崴	北京	◆
玉芝兰	成都	◆◆
8 号（成都群光君悦酒店）	成都	◆
Tivano 意大利餐厅	成都	◆
大德会席（远洋太古里店）	成都	◆
华道钰善阁	成都	◆
廊桥 THE BRIDGE	成都	◆

商户名称	城　　市	2019 年钻级
马旺子·川小馆	成都	◆
岷山饭店 The river house 西餐厅	成都	◆
南汇 57	成都	◆
松云泽	成都	◆
许家菜（望江店）	成都	◆
银芭（科学城店）	成都	◆
银滩鲍鱼火锅（希望路店）	成都	◆
云时节西餐厅（高新店）	成都	◆
子非	成都	◆
尘香	重庆	◆
美丽厨餐厅（棕榈泉店）	重庆	◆
芊月茗素食私宴	重庆	◆
首坐公馆	重庆	◆
于塗会馆（棕榈店）	重庆	◆
周师兄大刀腰片老火锅（解放碑店）	重庆	◆
Joel Robuchon Restaurant	东京	◆◆◆
NARISAWA	东京	◆◆◆
京味	东京	◆◆◆
鮨 さいとう	东京	◆◆◆
Florilege	东京	◆◆
L'Effervescence	东京	◆◆
Quintessence	东京	◆◆
SUGALABO	东京	◆◆
すし 喜邑	东京	◆◆
すし佐竹	东京	◆◆
虎峰	东京	◆◆
晴山	东京	◆◆
神楽坂 石かわ	东京	◆◆
四川飯店 日本橋	东京	◆◆

商户名称	城　市	2019 年钻级
銀屋	东京	◆◆
Akasaka Teppanyaki	东京	◆
APICIUS	东京	◆
Les Alchimistes	东京	◆
Sushi Yoshitake	东京	◆
おにく 花柳	东京	◆
鮨 はしもと	东京	◆
鮨 青木（银座店）	东京	◆
清寿	东京	◆
天てんぷら うち津	东京	◆
天ぷら 元吉	东京	◆
白天鹅宾馆·玉堂春暖餐厅	广州	◆◆◆
柏悦酒店－悦景轩	广州	◆◆
好酒好蔡研发工作室	广州	◆◆
丽轩中餐厅	广州	◆◆
空中花园	广州	◆
白天鹅宾馆·宏图府餐厅	广州	◆
炳胜品味（海印总店）	广州	◆
德利私厨 - 德叔鲍鱼（南村店）	广州	◆
广州酒家（临江大道店）	广州	◆
海晏楼（滨江东总店）	广州	◆
惠食佳（滨江店）	广州	◆
Jiang by Chef Fei 江	广州	◆
利苑酒家（宜安广场店）	广州	◆
荔雅图 Li Chateau	广州	◆
西子湖四季酒店·金沙厅	杭州	◆◆◆
La Villa Restaurant	杭州	◆◆
桂语山房高级餐厅	杭州	◆◆
杭州柏悦酒店·悦轩中餐厅	杭州	◆◆

商户名称	城　　市	2019 年钻级
解香楼	杭州	◆◆
兰轩村庄食坊（安缦法云店）	杭州	◆◆
龙井草堂	杭州	◆◆
新荣记（西溪湿地店）	杭州	◆◆
大蔬无界美素馆（万象城店）	杭州	◆
汉舍小雅汉舍小馆	杭州	◆
杭州君悦酒店·湖滨 28 中餐厅	杭州	◆
湖月·割烹料理	杭州	◆
曼殊怀石料理	杭州	◆
天伦里餐厅	杭州	◆
西湖国宾馆紫薇厅	杭州	◆
翠府	昆明	◆
翠湖轩中餐厅	昆明	◆
昆明洲际酒店·香稻轩餐厅	昆明	◆
Gaa	曼谷	◆◆◆
Le Normandie	曼谷	◆◆
Sühring	曼谷	◆◆
Issaya Siamese Club	曼谷	◆
Paste Bangkok	曼谷	◆
香格里拉大酒店·江南灶中餐厅	南京	◆◆
大蔬无界·南京德基广场美素馆	南京	◆
龙吟山房	南京	◆
梅苑（金陵饭店）	南京	◆
汀蝉	南京	◆
东钱湖华茂希尔顿度假酒店·钱湖阁中餐厅	宁波	◆
美宴摩登餐厅（槐树路店）	宁波	◆
明阁	宁波	◆
宁波柏悦酒店·钱湖渔港	宁波	◆
宁波状元楼酒店	宁波	◆

商户名称	城　市	2019 年钻级
上一水产（风格尚品店）	宁波	◆
Chef's Table at Brooklyn Fare	纽约	◆◆◆
Eleven Madison Park	纽约	◆◆◆
Le Bernardin	纽约	◆◆
Per Se	纽约	◆◆
Decoy Bar	纽约	◆
Jungsik	纽约	◆
Marea	纽约	◆
Peter Luger Steak House	纽约	◆
Tori Shin	纽约	◆
好	纽约	◆
潮汕味道煮海餐厅	汕头	◆◆
潮林府私房菜	汕头	◆
富苑饮食	汕头	◆
建业酒家（凤凰山路店）	汕头	◆
邻舍有机餐厅	深圳	◆
老乾杯（平安金融中心店）	深圳	◆
利苑酒家（宝安南路店）	深圳	◆
鮨一日本料理（大中华店）	深圳	◆
四季酒店·卓粤轩	深圳	◆
四叶寿司（华侨城店）	深圳	◆
植藤·匠日本料理	深圳	◆
东海海鲜酒家	顺德	◆◆
顺峰山庄（大良店）	顺德	◆
松记餐厅	顺德	◆
鱼膳坊（凤城食都店）	顺德	◆
猪肉婆私房菜	顺德	◆
大蔬无界（诚品店）	苏州	◆
苏州凯悦酒店 • 华池 88 中餐厅	苏州	◆

商户名称	城　市	2019 年钻级
金海华 • 苏 SHOW（李公堤旗舰店）	苏州	◆
龍月	苏州	◆
太和·红火锅料理	苏州	◆
吴江宾馆 . 江宾美食	苏州	◆
Mume	台北	◆◆
RAW	台北	◆◆
少帅禅园	台北	◆
欣叶食艺轩	台北	◆
新荣记（灵湖店）	台州	◆◆◆
新荣记（中心大道店）	台州	◆◆
老扁酒家	台州	◆
耳朵眼会馆	天津	◆
津菜典藏（中北镇店）	天津	◆
四季酒店·津韵	天津	◆
粗茶淡饭·壹号餐房	武汉	◆
湖滨客舍	武汉	◆
亢龙太子酒轩（花园店）	武汉	◆
啫啫 021 法式铁板烧	武汉	◆
梵	西安	◆
海市陕菜馆	西安	◆
凯悦酒店·湖畔中餐厅	西安	◆
莲餐厅	西安	◆
莲花餐饮（朱雀店）	西安	◆
长安壹号	西安	◆
CHIC1699 远洋私厨（建发品尚中心店）	厦门	◆
红厝 8 号	厦门	◆
上青本港海鲜	厦门	◆
好酒好蔡	香港	◆◆◆
龙景轩	香港	◆◆◆

商户名称	城　市	2019 年钻级
志魂	香港	◆◆◆
8½ Otto e Mezzo BOMBANA	香港	◆◆
Caprice	香港	◆◆
L'Atelier de Joël Robuchon	香港	◆◆
Ta Vie 旅	香港	◆◆
VEA Restaurant & Lounge	香港	◆◆
Amber	香港	◆◆
肉匠	香港	◆◆
天龙轩	香港	◆◆
铁板烧·铸	香港	◆◆
欣图轩	香港	◆◆
厨魔	香港	◆
大班楼	香港	◆
高流湾海鲜火锅	香港	◆
嘉麟楼	香港	◆
明阁	香港	◆
唐阁	香港	◆
天宝阁	香港	◆
文华厅	香港	◆
Odette	新加坡	◆◆◆
Corner House	新加坡	◆◆
JAAN	新加坡	◆◆
Les Amis	新加坡	◆◆
Burnt Ends	新加坡	◆
Candlenut	新加坡	◆
夏苑	新加坡	◆
趣园茶社	扬州	◆◆
扬州宴（瘦西湖店）	扬州	◆◆
淮食·禧狮楼（万达店）	扬州	◆
欧社（关闭）	上海	◆

本册书籍所有内容数据信息截止时间为 2019 年 1 月 10 日。

"Black Pearl Restaurant Guide": the Crème de la Crème of Chinese Restaurants

On January 10, 2019, Meituan Dianping launched the "Black Pearl Restaurant Guide 2019" (the "Guide 2019"), which is a professional restaurant guide tailored to Chinese tastes offering a selection of the best restaurants, based on a strict, fair assessment system.

The Guide 2019 invited famous Chinese chefs and renowned gastronomes to form a council responsible for selecting the final list of restaurants, and brought together culinary experts, culinary opinion leaders and gastronomes to form a judging panel. They nominated and visited restaurants anonymously, providing impartial restaurant grades and appraisals. Industrialists, media figures and investors with a strong interest in gastronomy were also invited to act as special advisers, offering wide-ranging suggestions and opinions to the panel. Meituan Dianping also commissioned an independent third-party the PwC, professional services firm, to implement assessment processes as determined by the "Guide 2019" council.

The "Guide 2019" has assessed restaurants in 22 Chinese cities (Beijing, Shanghai, Guangzhou, Shenzhen, Nanjing, Hangzhou, Suzhou, Wuhan, Chongqing, Ningbo, Xiamen, Tianjin, Yangzhou, Chengdu, Xi'an, Hong Kong, Macao, Taipei, Kunming, Taizhou, Shantou, and Shunde) and five cities overseas (Tokyo, Bangkok, Singapore, Paris, and New York). Selected restaurants have been allocated one of three grades: three diamonds (once-in-a-lifetime must-visit), two diamonds (perfect for special occasions), one diamond (excellent for gatherings of family and friends). Of these, three diamonds is the best.

Apart from setting gastronomic standards for Chinese people, and identifying premium restaurants suited to Chinese culinary tastes, it is also hoped that the "Guide 2019" will prove useful to gourmets worldwide, enabling them to appreciate more deeply Chinese cuisine and its rich cultural significance.

"Black Pearl Restaurant Guide": the Chinese food listing that helps you enjoy better food, and live a better life.

Wang Xing

CEO of Meituan-Dianping

Among the rich and diverse Chinese culture, culinary culture is the core and the most representative component. Chinese cuisine has now reached every corner of the world as China grows in strength. The "Black Pearl Restaurant Guide" is designed to help people all over the world appreciate traditional Chinese culture through "Chinese taste". We hope to extract the essence of Chinese culinary culture with this Guide, by assessing and spreading the culinary culture from Chinese perspectives, allowing more people around the world to better understand the ingenuity and charm of Chinese cuisine.

What does it take to produce a good restaurant guide? That has always been a burning question on my mind. I believe three elements are essential: love, devotion, and patience.

First, love. The most fundamental prerequisite is a sustained love for good food. Such a love should transcend taste buds: one should first understand and love Chinese culture if one is to understand Chinese cuisine. Take the well-known Braised Dongpo Pork as an example—an anecdote of traditional culture lies behind the dish. Therefore, when we spread our culinary culture across the world, we are also exporting our cultural confidence. Yet, that does not mean sticking to traditions. Rather, we should spread our culinary culture from a basis of understanding its traditions so that more people will like it. We should gradually unearth, bring back the "old masters" and unique techniques of the culinary world so that the quintessence of Chinese cuisine can be passed down to the generations. Cuisine is a magical field that combines technology, culture, art, and business perfectly. With our deep love for new technology and new art, we can continually create innovations on the basis of traditional culinary culture. The fast pace of technological growth gives rise to more culinary possibilities. If there is no quantum technology, it would have been unlikely for us to discover the mysteries behind the original flavors of food. New technology is the key to opening up new culinary worlds. Cuisine tasting is the art form that engages the most sense organs. In a new-age cuisine-tasting scenario, not only are the flavors emphasized by Chinese cuisine blended and perpetuated, but even more flavorful experience is innovatively derived by combining sound and light. The diverse scenarios of culinary experiences are more like art appreciation events which are novel and interesting. Such ways of dining not only embody the culinary ingenuity but also give rise to a new possibility, the rejuvenations of Chinese culture through innovative culinary rejuvenation. It is indeed true that cuisine cannot be separated from business. If no food exchanges and global trade brought about by the Age of Discovery, we might not have the dish Stir-Fried Tomato and Scrambled Eggs today. We should also love different cities and localities, for behind every dish is a story of a group of people, a locality, or a city. The sense of happiness and satisfaction derived from good food will cause one's love for food and extend to a love for a group of people or a city. Hopefully, the Guide will help bring economic prosperity to every city it covers, and make more tourists appreciate and love the city.

The second is devotion. A well-designed restaurant guide requires not only financial input but also the input of numerous resources and great efforts. With an attitude of responsibility toward our culinary culture, we are investing manpower and resources on a large scale. We have to not only design and operate the whole system, but also get people to supervise and assess it so as to ensure the quality of the Guide. Because our primary motivation for doing this is not for profit, no charge from restaurants and chefs. This is how we ensure the impartiality and authoritativeness of the Guide.

The third is patience. To succeed in whatever one does, one has to be patient and consistent over a long period of time. A good restaurant guide cannot be produced overnight, not to mention that what we are trying to promote is Chinese cuisine, of which culture goes back thousands of years. Many traditional techniques need to be unearthed and then combined with new technologies and concepts. While searching for "old masters" and "unique techniques", we also have to identify young, talented chefs. Now since we have released the Guide, we are determined to make it a regular offering with patience and determination. We hope to make the Guide a global food list that caters to Chinese taste buds and survives the test of time.

Pearls are resplendent and organic, which means they have to be continually maintained or they will lose their luster. We hope that, aided by our dreams and determination, the Guide will become a source of pride for Chinese culinary culture, allowing people around the world to feel the sense of happiness and cultural confidence imparted by Chinese taste.

Zhang Chuan

Senior Vice President of Meituan-Dianping
President of In-store Dinning/Services BU
Chairman of the Organizing Committee of the "Black Pearl Restaurant Guide"

On January 10, 2019, Meituan-Dianping released the "Black Pearl Restaurant Guide 2019".

Thinking back to when we compiled the first "Black Pearl Guide" in 2018, we were "fearless" and entered the premium culinary field with the mindset of Internet practitioners, with the aim of offering a restaurant list for Chinese people.

However, by 2019, we became "awed" by the field rather than being "fearless". More than a restaurant guide, our guide seeks to become a bearer of Chinese culinary culture and also a driver of the development of China's culinary industry.

Chinese culinary culture goes a long way back, and the "Black Pearl" is now drawing the attention of more and more gourmets. After getting the support of more and more famous chefs gastronomes and culinary opinion leaders, I feel a greater sense of responsibility. When we initially opened the door of this Guide, we never imagined that what we actually opened was the entire treasure vault of Chinese culinary culture. This has not only surprised us but more so engendered a greater sense of mission. Such a treasure vault requires our whole team to grasp the real meaning of "Chinese taste buds". The Guide belongs not only to us at Meituan-Dianping but also all Chinese culinary practitioners, for it gathers the passions of China's entire culinary circle and even the wider public. In order to come up with "a restaurant list for Chinese people", it needs to amass the wisdom and experience of more outstanding people. Only through such efforts will grow into a world-class brand and a key component of Chinese culture.

Going forward, we will remain focused on the core spirit of the "Black Pearl": adhere to the spiritual essence of "Chinese taste buds" and more so ensure the authoritativeness and impartiality of the Guide; ensure the anonymity of judges and the fairness of the system; and maintain a non-profit-oriented approach. Only in this way can we sustain the long-term, healthy development of the Guide.

Thanks all chefs, managers, and staff of the "Black Pearl"restaurants. It is their tireless efforts that make it possible for us all to savor amazing Chinese cuisine. They are the true representatives of Chinese culinary culture. Also thanks council members, judges and advisers of the review committee. This team of maestros has offered multi-dimensional professional advices and their preciseness and selflessness have rendered the guide professional and objective. Our thanks should also go to the "Black Pearl" team for their hard efforts. They keep improving the review system and value the "Black Pearl" brand with a sense of responsibility. We hope that all people in this industry can work together to carry forward Chinese culinary culture, produce "a restaurant list for Chinese people", and spread Chinese taste all over the world.

Dong keping

Member of Black Pearl Restaurant Guide Council

Food Connoisseur

Chinese Chefs Take Center Stage

On January 10, 2019, Meituan Dianping launched the "Black Pearl Restaurant Guide 2019" in Macao, which marked the company's recognition of the culinary efforts of the 287 restaurants included, providing these with inspiration to further improve their offerings, to continue to innovate, and to go on to greater glory.

At the awards ceremony, some of the winners were restaurant managers. But more were executive chefs, providing a moving spectacle of unsung heroes stepping into the spotlight to receive well-deserved honors.

In ancient China, catering was a humble-almost despised-trade, with low social status accorded to chefs. Despite the emergence of Yi Yin—the chef-turned-minister dubbed the "Forefather of Chinese cooking"—it was only as late as the Song Dynasty that "chef" was recognized as an independent profession. Prior to that, chefs were merely considered the domestic servants of wealthy, influential families.

Misinterpretation of Mencius' aphorism, "A gentleman stays away from the kitchen"—which intended only to imply that the mental state of a gentlemen was incompatible with animal slaughter—led subsequent generations to despise chefs still more over the millennia.

In Fundamentals of National Reconstruction, Sun Yat-sen praised Chinese cuisine, elevating it to the same status as art, since both were processes for creating beauty: "All things pleasing to the eye and the ear are art. Thus all tastes pleasing to the mouth should be considered works of art, and cooking should be considered an art." When Chinese cuisine and dishes are viewed from this perspective, humble chefs are creators of works of art.

Social and cultural development and prosperity were essential factors in the improvements in chefs' social status. In the early 16th century, as the Western world shook off the darkness of Middle Ages, the emergence of more modern societies allowed palace chefs to bring palace cuisine to European restaurants. Once the tethers of feudal society were broken, approaching cooking from scientific, creative, and artistic perspectives allowed creation of a huge variety of innovative dishes. And since then, European cuisine has been engaged in endless modernization.

Chinese cuisine was only able to begin a similar process after the adoption of the Reform and Opening Up policy. But during China's resultant economic and national resurgence, the culinary industry, facing rapidly growing demand, flourished, creating a booming market and spate of innovation. That gave rise to a host of industrialists and other eminent figures who reshaped Chinese cuisine, meanwhile enhancing the status of Chinese chefs. To cater to gastronomes, these chefs continually broadened their horizons, seeking to form their own distinctive styles of Chinese cuisine via innovation based in tradition. Publications such as the "Black Pearl Restaurant Guide" give chefs public visibility, and broaden the opportunities for growing numbers of Chinese chefs to take the stage, and enjoy the spotlight.

Some top performers are gracing global stage. Combining China's classical literature and art with cooking, Da Dong offers Chinese flavor with artistic touch, thereby billed as a "city hero"; Wang Yong, a chef in Hangzhou was honored as "Chef of the Year" by a renowned global magazine.

With their hard work and creativity, chefs add flavor to peoples lives through their dishes: in my eyes, they are the heroes of the modern city. And the most famous of them are true culinary industry figures. Famous chefs make renowned restaurants possible, and vice versa: both are necessary to provide the experiences that epicurean seek. As social progress continues, culinary demands are sure to continue to grow, and the significance of "Black Pearl Restaurant Guide" will surely continue to increase.

Sun Zhaoguo

Member of Black Pearl Restaurant Guide Council

Master chef

Headline: Innovation Is Celebrating Traditions

After all, innovating Chinese cuisine still depends on traditions.

No doubt we should honor our rich and diverse Chinese culinary culture, but at the same time we should also keep abreast of global culinary trends to present Chinese dishes in a way that Western counterparts do, all the while still staying true to their unique flavors and tastes.

We should train our avant-garde sights while celebrating our admirable traditions.

Only because of relying on culinary concepts and skills stemming from our traditions, has our Chinese cuisine been able to gain a foothold in the global gastronomic world. It is natural to innovate, but we ought to root our innovative concepts in our traditions, and reject incondite, nonsensical combinations. That's because Chinese cuisine has its roots—each dish has its own unique story, and some stories absolutely cannot afford to be abandoned and neglected.

For example, "Wagyu 60g with Pear" is an all-star at my opening of Maggie 5. Above all, this dish is well-crafted and tailored to Chinese palates. For this dish, the low-heat cooking method typical in Western cuisine enables the beefsteak to maintain its tender texture, and also crushed black pepper and lemon juices are added to take the flavor up a notch while balancing out the richness, rendering a perfect marriage of Chinese and Western culinary elements.

Chinese cuisine is rooted in this vast land where we grew up. Due to differences in ingredients resulting from climates, soil conditions, and customs that vary from place to place, Chinese flavors also vary greatly according to local dietary customs and unique culinary methods. For years, I have been searching for quality ingredients nationwide. I went to Sichuan's Huidong County to sniff out truffles, and to Anhui's Huizhou District to process rapeseed oil. I believe that suitable ingredients are the basis of a satisfying spread.

However, Chinese cuisine is too empirical, but this foible is also its feature. Chinese cuisine involves many cooking methods, like steaming, boiling, stewing, stir-frying, quick-frying, deep-frying, baking, and roasting. These methods that I have personally experienced can neither be replicated nor replaced with advanced technology.

Therefore, mechanizing and standardizing Chinese cuisine has long been a heated topic, and it's really not an easy thing. Or in other words, mechanizing and standardizing Chinese cuisine would involve totally different flavor types and concepts.

The same is true when pairing Chinese dishes with wine—a fashionable yet definitely not an optimal pairing. Wine has only found its way into Chinese markets in the last two decades. Different meals should be paired with different wines. For Western cuisine, red wine is the best complement, while in the case of Chinese cuisine with a complex multiplicity of flavor types, especially Sichuanese food that features heavily now in the Chinese gastronomic world, any kinds of red or white wine cannot simply go well with the electrical and spicy kick. Apart from Sichuanese food, China's other flavor types are also unpredictable. What characterizes Chinese-style flavors is temperature. Different combinations of stomach-warming soups and rich dishes have created different flavor types and diverse tastes Chinese people are familiar with.

In a real sense, tea is the best complement to Chinese dishes all along. Mild and fragrant green tea is the top pick alongside starters like dim sum and cold platters; light and refreshing tribute chrysanthemum tea is the best complement to the mains; black tea rich in polyphenols can help decompose cholesterol, bringing any meals to a satisfying conclusion.

Positioned as "our Chinese own gourmet food list", the Black Pearl Restaurant Guide is committed to exploring more about Chinese palates, which will give a strong boost to Chinese cuisine physically. With flavor types, cooking methods, combinations, flavors and other dimensions as judgment basis, this guide has set a right direction.

I hope that Chinese cuisine will define itself with healthier, more beautiful, and more delectable dishes, putting it even more squarely on the global food map.

Contents

Messages from the Council Members

(Names presented in lexicographical order, based on the initial letters of each transliterated Chinese character.)

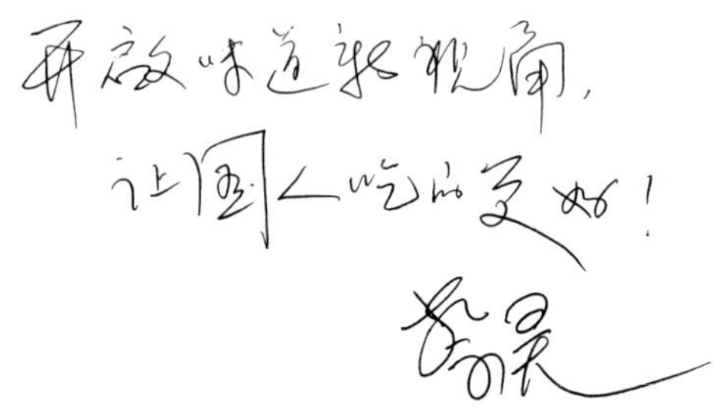

好味道经得起品评，
值得让更多人分享。

大董

黑珍珠餐厅指南，建立饮食文化自信的坚实出发点。

董克平

传中华美食之大成
享人间美味之道

胡丽姝

大味至简　巧成匠心

为黑珍珠捕真味传匠心点赞。

[illegible]

寻美食新径

品饕餮至味　厉晓麟

好的味道，经得住最严苛的考验，也值得让更多的人品尝与分享。愿黑珍珠助力中国美食文化让更多人懂得、喜欢。

捕味者　孙兆国

捕人间至味

传美食大道　周晓燕

人生岂能只若初见，

更有爱与美食与子偕老。

[illegible]

The Black Pearl Restaurant Guide Commitment

Anonymous Visits

Professional Judges will visit selected restaurants anonymously as diners, evaluating them based on uniform standards, and giving them scores. If a Judge's identity is disclosed during evaluation and scoring, all evaluations provided by that Judge will be discarded and he/she will be disqualified from judging.

Professionalism and Authoritativeness

The Organizing Committee of the Black Pearl Restaurant Guide will, based on the cuisines of shortlisted restaurants and Judges' professional fields, designate suitable judges for each restaurant. Each Judge must visit his/her designated restaurants in person, anonymously, providing scores and evaluations after dining there. The Council will then organize domestically reputed master chefs and gourmets to review this evaluation and scoring.

Fair Evaluation and Selection

We uphold principles of fairness and equity, adopting procedures agreed upon with independent third party PwC[1]. Council members and judges will make declarations of interests, and recuse themselves from evaluation and scoring of restaurants where conflicts of interests exist.

Meticulousness and Balance

We will strictly and meticulously observe all evaluation criteria and rules. We will take both tradition and innovation in Chinese cuisine into account, striking a balance between the two.

Integrated Development

We are committed to showcasing culinary judging criteria with Chinese characteristics, and Chinese cuisine, to the world, thereby promoting increased worldwide recognition of Chinese cuisine.

---

❶ PwC refers to Pricewaterhouse Coopers. This firm will implement Black Pearl Restaurant Guide's agreed-upon procedures for the Council during the evaluation and scoring of restaurants.

The Diamond System

In the Black Pearl Restaurant Guide, selected restaurants will be awarded one to three diamonds, with Three Diamonds representing the maximum grade. The Guide will be updated periodically.

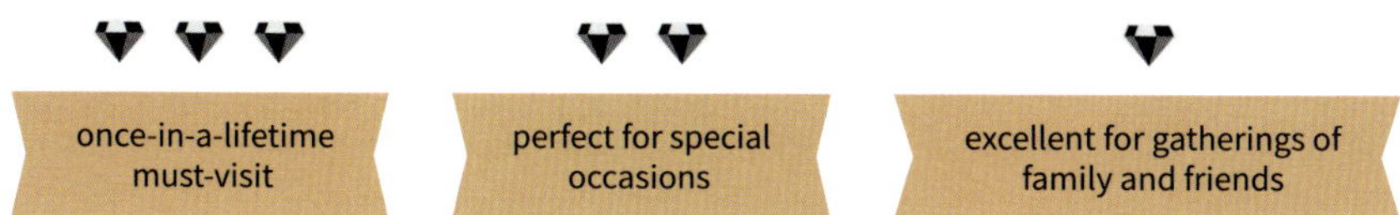

Evaluation Standards

Cooking

Quality of food, pairing of dishes, food flavor, culinary skill, appearance and freshness of food.

Experience

Restaurant atmosphere, service and management, facilities, pairing of foods and wines.

Tradition and Innovation

Integration of cultural tradition and innovation.

Evaluation System

The Council

The Council is comprised of Chinese master chefs and famous gourmets. Council members will not participate in anonymous visits and scoring, and are not permitted to change the final version of the list, by, for example, adding restaurants. Members' anonymity in voting will be protected by suitable technology.

The Council is comprised of 18 members. Listed in lexicographical order based on the initial letters of each transliterated Chinese character, these are:

Cai Hao
Gourmet, Whisky Taster

Dong Keping
Food Connoisseur

Dong Zhenxiang
Master Chef

Huang Hai
SVP of Meituan Dianping
Head of Dianping Platform

Huang Ke
Gourmet Master

Hu Limei
Master Chef

Lan Minglu
Master Chef of Sichuan Cuisine

Li Xiaolin
Successor of Family Li Imperial Cuisine

Lv Yang
Master Sommelier

Lin Zhenguo
Internationally renowned Master Chef

Craig Au-Yeung Ying Chai
Organizer of food culture events, Food Writer

Peng Shuting
Food Connoisseur

Sun Zhaoguo
Master Chef

Wang Chongxiao
Documentary Director

Wang Xing
CEO of Meituan Dianping

Zhang Chuan
SVP of Meituan Dianping
President of In-store Dinning/Services BU

Zhou Xiaoyan
Master Chef

Zhao Yinyin
Master Chef
World-class Pianist

Judging Panel

The Judging Panel consists of culinary experts, opinion leaders in the culinary sector and gastronomists.

Functions:

- To nominate restaurants and visit them anonymously; to provide objective, fair evaluations and scores, consistent with the evaluation rules and based on personal dining experience;
- From perspectives including cooking skills, dining experience, and balance of tradition and innovation, to fairly, impartially and comprehensively evaluate and score all nominated restaurants.

Partial list of Judges, listed in lexicographical order based on the initial letters of each transliterated Chinese character:

Bonnie Zhang
Screenwriter, Gourmet

Chi Xin
Director of "chixin1pian"

Chris St.Cavish
Editor-in-chief of SmartShanghai

Penny Dai
Food Connoisseur

Dong Xin
Senior Media Professional

Er Ya
Food Writer, Journalist

Fenny Fan
Director of "fennyfan17"

Ganyu Huluan
Yunnan Food Connoisseur of A Bite of China

FanViajero
Gourmet and Travel Columnist

Kevin Chan
Well-known Gourmet Traveller

Li Shu
Food Culture Researcher

Lin Zhenbiao
Best-selling Author (Gourmet)

Ma Da
Founder of "smzdc2015"

Nanmao
Food Writer, Hostess

Qin Feng
Entrepreneur and Gourmet

Qin Zhuonan
The Fifth Successor of Shanghai Cuisine

Susan Aichi
Senior Gourmet in Shenzhen

Shen Jialu
Food Writer, Journalist

Si Xiaole
Senior Food Copywriter

Fiona Sun
Founder of "Winepicurean"

Xi Bei
Food Connoisseur, Food Blogger

Ye Jiang
Senior Food Writer

Zhou Lei
Japanese Food Writer

May Chow
Founder of Little Bao

Zhang Weibin
Senior Gourmet in Ningbo

Note: above is a partial list of members of the Judging Panel for the Black Pearl Restaurant Guide 2019. Those Judges who have agreed to be publicly identified will be ineligible for the Black Pearl Restaurant Guide 2020 Judging Panel.

Special Advisers

Special Advisers are business and media moguls and investors.

Function: to provide wide-ranging advice to the Black Pearl Restaurant Guide2019 Judging Panel.

List of members, listed in lexicographical order based on the initial letters of each transliterated Chinese character:

Jiang Nanchun, Founder of Focus Media; Shen Hongfei, Writer; Wang Gaofei, CEO of Sina Weibo; Wang Lu, Vice President of Baidu; Wong Yingwai, President and Executive Director of Sands China Ltd. ; Xu Xin, Founder and President of Capital Today; Zhu Yawen, Renowned Actor.

Jiang Nanchun
Founder of Focus Media

Shen Hongfei
Writer

WangLu
Vice President of Baidu

Wong Ying Wai
President and Executive Director of Sands China Ltd.

Xu Xin
Founder and President of Capital Today

Zhu Yawen
Renowned Actor

Visa非凡食客
中国味蕾 赏味全球
VISA
黑珍珠餐厅指南
美团 大众点评

Selection Criteria

- Nomination of restaurants and declarations of interest: the Judging Panel and Council shall list the selected restaurants, and complete declarations of interest with regard to these.
- Review of restaurant food safety and business registration: the Organizing Committee shall be responsible for reviewing the food safety and business registration of the restaurants selected for the first round.
- Selection of finalists: Council members shall select finalists from among the first-round restaurants through an anonymous online voting procedure.
- Publicity: finalist restaurants will be publicized on the Meituan and Dianping apps; and public opinions and suggestions regarding them will be collected online.
- Anonymous visit and scoring: the Judging Panel shall visit selected restaurants anonymously and submit their evaluations and scores.
- Off-line final review: the Organizing Committee will organize the Council to hold the offline final review meeting. The Council will take an anonymous vote on the first-round restaurants selected by the judges, through evaluation and scoring tools. Independent third-party PwC shall participate in the offline final review meeting, implementing the procedures agreed upon with the Black Pearl Restaurant Guide 2019's Council during the evaluation and scoring phase, counting the votes, and confirming the final version of winners' list.

Explanations

1. The Principle of Fairness

The Black Pearl Restaurant Guide hereby provides assurance that selection or inclusion in the list is not in any way related to purchase by restaurants of Meituan Dianping products. In cases where service charges are demanded in exchange for procuring selection or listed of any restaurant, please safeguard any relevant evidence and forward a copy to heizhenzhu@meituan.com. Alternatively, please contact the service hotline: 101 001 07 (9:00—21:00, Monday—Sunday, Beijing Time). Meituan Dianping is committed to severely punishing those involved with any infringement, and reserves the right to litigate.

2. The Principle of Anonymity

Membership of the Council is publicly disclosed.

Membership of the Judging Panel is kept strictly anonymous. Once the Winners List is publicized, those members of the Judging Panel who agree to public identification will be disbarred from membership of the Judging Panel for Black Pearl Restaurant Guide 2020.

Special Advisers are anonymous; those who have not participated in anonymous visits and scoring have no influence over the Winners List.

3. Confidentiality

All information related to Black Pearl Restaurant Guide 2019, including but not limited to evaluation and scoring, tools, system information, Judges' identities etc. are trade secrets of Meituan Dianping. All information and relevant materials can only be provided by evaluation experts who have signed cooperation agreements. Project information related to Black Pearl Restaurant Guide 2019, including but not limited to evaluation and scoring tools, manuals, etc. shall not be copied, screenshot, printed or disclosed to others by any member of the Judging Panel and Council, or Adviser, without prior written consent of Meituan Dianping.

4. Punitive Measures

After the list has been drawn up and publicized, Meituan Dianping reserves the right to disqualify, remove and punish any restaurant failing to meet its evaluation standards with regard to food safety, epidemic and accident prevention, excessive hype for being selected etc.

黑珍珠餐厅指南

THE BLACK PEARL RESTAURANT GUIDE

SHANGHAI

Note: The list is sorted according to the restaurant's diamond level from high to low, the same diamond level restaurant ranks in no particular order.

Restaurant Logo Instrauction

Contact	Address	Opening Hour	Per Capita Consumption	Parking
Service Charge	WIFI	Sommelier Service	Mobile Payment	Reservation
Private Room	Child Seat	Scenic View		

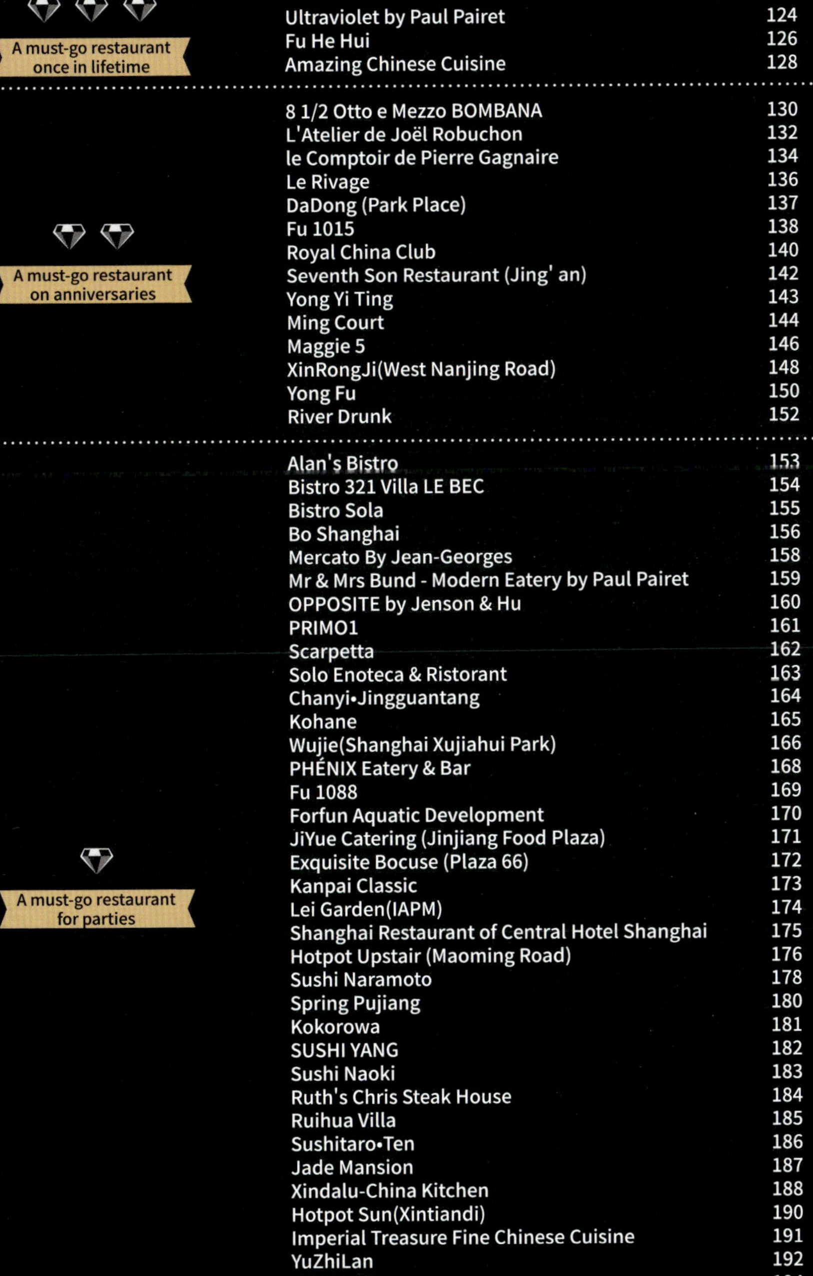

A must-go restaurant once in lifetime

A must-go restaurant on anniversaries

A must-go restaurant for parties

The Genes of the Shanghai Flavor

Author / Shen Hongfei

In villages, people's eating habits depend on the natural environment: "Those who live on the mountain, live from the mountain; those who live near water, live from water". So villagers live off their surroundings. However, in cities, especially those like Shanghai, neither mountain nor water offers dependable food sources, and eating habits are collective preferences formed by the city-dwellers themselves. That is to say, when local natural resources are insufficient, city dwellers can only "order takeout" from surrounding areas.

There is no easier or more reliable way to learn about Chinese local food than analyzing its dialect. In China, local cuisine and dialect are inextricably linked. In other words, speakers of different dialects have different cuisines.

Shanghai dialects include the local (i.e., Shanghai proper) version, Ningbo dialect, Suzhou-Wuxi-Changzhou dialect, and Jiang-Huai Mandarin, spoken in proportions of around 3:3:2:1, with a small remaining share occupied by Chinese Pidgin English and foreign languages. Together these provided the basic linguistic components available to local people when "Shanghai Cuisine" was taking shape.

Therefore, in the DNA of today's Shanghai Cuisine, Shanghai locals have contributed the rich Benbang flavor of Thick Red Oil Sauce, Ningbo folk have contributed sea-salt, umami and glutinous rice flavors, Suzhou-Wuxi-Changzhou dwellers have contributed the flavors of lake foods and juicy meat, and Jiang-Huai speakers have contributed their delicate flavors and "salty, bright" cuisine, along with "foreign" or "western-style" cuisine for the remainder. These five elements combined form Shanghai cuisine's genetic code.

The most common dishes on every Shanghai cuisine menu are: Braised Fish in Brown Sauce and Bamboo Shoot Soup with Fresh and Cured Streaky Pork, from Anhui; Stir-fried Eel with Hot Oil, from Northern Jiangsu; Braised Large Yellow Croaker Soup and Glutinous Rice Dumplings in Fermented Rice Wine, from Ningbo; Lion Head Meatballs, from Yangzhou; Pork-filled Steamed Buns and Stir-fried Shrimp, from Suzhou. Thus Shanghai cuisine combines many strands, like an oral history.

Confronted with this mixing, matching, and ambiguity of source, the perplexed chose to rename Shanghai Cuisine "Haipai" (local western-style) cuisine. But Haipai cuisine also has two major peculiarities. First, its component dishes are surprisingly compatible with the whole. Second, the adapted cuisine is better than the original.

Take Yong Fu restaurant, which has been gaining fame recently: its Ningbo dishes are far tastier than anything you can find anywhere in Ningbo. Beijingers appreciate them as much as Shanghainese, and even Ningbo locals have no choice but to give them a grudging thumbs-up.

Another merit of "Haipai cuisine" is the way it reconciles the opposition between change and stasis.

Variety has made home-cooked dishes a broad, solid base for Shanghai cuisine. One of the male characters in 2013 novel Fan Hua (Blossoms) sings a song that goes like this: "Soy Sauce Chicken, Pork Hock Soup with Turnip; Dried Eel, Fried Shredded Pork with Celery, Braised Pork Ribs, Braised Pork Ball; Pan-fried Noodles, Fried Eggs with Chives." For over a hundred years, various versions of this song have been sung in many areas, each with slightly different names for these dishes. But these dishes, originating from Shanghai, Ningbo and Suzhou, have always dominated the dinner tables in Shanghai households and restaurants.

However these dishes might be interpreted—made up like models in gorgeous menu photos, or decorated French-style—deep down they still embody the Shanghai that Wang Anyi describes: "You just smell a hint of asphalt in the wind, and a salty sea spray, but there's no gentleness when the waves crash against your face. From the roof of any building, a glance down at the city puts its crudeness within sight. Resembling beehives or ant nests, row upon row of cement houses—cement boxes to be precise—emanating malevolence."

The bones of this cuisine are tough. But knitted together by skilled surgeons, they support healthy flesh, full of blood and vigor, and joints that articulate beautifully. As for black pearls—just 150000 of which are produced globally each year, compared to over 17 million tons of the more familiar variety-value lies in rarity.

Ultraviolet by Paul Pairet

Innovative

After ten years of contemplation, French Celebrity Chef Paul Pairet launched the avant-garde Ultraviolet in Shanghai in 2012, which has turned to be a benchmark for innovative cuisine. In the secret location that only serves 10 guests every night in a "capsule" dining room, Paul stimulates diners' sense of sight, taste, smell, hearing and touch through 20-course menu. There are three wine pairing menus: classical menu A, more inclusive menu B, and progressive menu C. The only thing that remains unchanged here is Chef Paul Pairet-the core and soul of Ultraviolet-who expresses his life memories through "mental tastes". No matter it's his hometown Marseille, or Shanghai—where he has lived for over a decade, or California beaches, dinners can easily resonate and experience the fun part from it.

Recommended Dishes

Very-Sea Sea-Scallop: Sea Urchin-Seaweed-Lime-Sea Snow Shell

Candle In The Wind: Lavender-Honey-Wax-Sesame Black Cod

Carabineros: Sand Shell

Lunar Mushroom: Nutmeg-Grand Marnier-Yakult

Online Reservations only via www.uvbypp.cc

Gathering address: 6/F, 18 Zhongshan Dong Yi Road, Huangpu District, Shanghai

Tuesday—Saturday 6:30 (gathering time)

4000 ~ 6000 RMB/person

Spotlight

No doubt Paul Pairet is the soul of Ultraviolet, and at Shanghai's most mysterious and talked about eatery, Pairet has let his culinary imagination run wild, to create an experience that is as simple and comfortable as it is avant-garde and experimental. But the true reason for Ultraviolet's success, right from its 2012 opening, has been its pioneering multisensory dining experience. Everything about it—secrecy shrouding the restaurant's location, ten cover "capsule" dining room, video imagery, background music, fragranced airflow, and a 20-course menu—is designed to overload the diner's senses. The UVC+ Menu for example, that offers a four-hour dining experience takes diners on a culinary journey worldwide, from California beaches to savor grilled seafood, to misty forests for delicious mushrooms, to a Singapore food street to hustle for a platter of Sautéed Beef Fillet with Black Pepper... An immersive, interactive experience designed by Pairet himself, so that his dishes are eaten in the best possible circumstances. Pariet believes that food is about both physical and "psychological" tastes; that many parameters—mood, memories of music and cities, even tables and chairs—influence the final tastes of a dish. So, for example, before the Truffle Roast Soup Bread—a dish which features on three of the set menus—is served, scenes of foggy forests are shown on the panorama screen, while a specially-made fragrance combining odours of pine needle, rotten wood and damp earth is wafted in, creating the impression of wandering in a moist forests. Elaborate precautions like these stimulate guests' anticipation of the next dish, and by encouraging 100% focus on its flavors, are capable of rendering the effect of a combination of ordinary ingredients quite unique.

Fu He Hui 

Vegetarian

Three-storey Fu He Hui, opened five years ago, offers tasting menus priced at 600-1000 yuan per head. But its twenty or so seasonal menus have earned it a world-class reputation, attracting high-end diners to Shanghai.

This is possible because Fu He Hui, through very rare cooking techniques and skill in innovation, offers a unique take on contemporary Chinese vegetarian cuisine, which gives play to an unrestrained culinary imagination through an extremely limited range of ingredients. All preparation details, down to cooking temperature, are carefully planned, and since the seasonal menus simply list the dishes' main ingredients—around three or four per dish—as each dish appears at the table, diners experience a frisson of surprise. Here, chefs coordinate dishes from Chinese and Western origins, like singers smoothly changing keys, into attractive, palatable combinations. Consuming menus that take 1.5 hours to complete, diners become so absorbed in the flavors that the nationalities, cooking styles, and origins of the dishes become immaterial.

Recommended Dishes

Kou San Si

Truffle

Snow Funges

Taro

 **021-39809188**

1-3/F, No.1037 Yuyuan Road, Changning District, Shanghai

11:15—14:30, 17:15—22:30

1200 RMB/person

Spotlight

Concealed in a small gray building by a Chinese parasol tree-shaded path on Yuyuan Road, Fu He Hui's outer wall lies behind a row of black bamboo. During opening hours, a black-clad attendant minds the door, which leads into the restaurant via a black brick walkway. To the left, an unobtrusive banquet hall can be seen. Although mostly vacant on weekdays, it inspires a sense of space, and the owner believes that passing this hall marks the start of guests' dining experience. The restaurant offers three differently-priced menus, which diners peruse once they have been greeted, seated, and offered tea. Usually there are three or four hot appetizers, seasonal fruit sorbets, cotton candy, fruit pies and fruits, paired with crispy lotus roots in summer, or a roast potato in winter. Sometimes accompanied with cheese, or made into fries, the seasonal vegetables—hot or cold, crunchy or glutinous—whet the appetite. First course comes next, each leaf in the small salad hand-picked and crispy under home-made fruit vinegar and dressing. Then hot or cold soup, and four main dishes, each quite distinct, before a palate-freshening snack and several carefully combined desserts bring the meal to its conclusion. This is Fu He Hui's orderly way of leading diners through the flavors of the season. Thanks to Executive Chef Tony Lu's efforts in combining Chinese and Japanese vegetarian cuisines, and stringent quality control—each dish is decorated and double-checked before serving in carefully illuminated and temperature-controlled conditions—the restaurant's seasonal delicacies can bring diners, regardless of nationality or cultural background, to an appreciation of the artistry of Chinese vegetarian cuisine.

Amazing Chinese Cuisine

Teochew

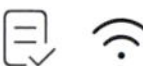      

Amazing Chinese Cuisine in a villa complex nearby Hongqiao State Guest Hotel is a private kitchen with five private rooms and as election of seasonal meals, dried food and new dishes for guests.

Quality ingredients and veritable Teochew chefs are the essence of Teochew cuisine, and Amazing Chinese Cuisine is a case in point. That can be seen from its expensive ingredients like fish maw: those nice thick slices of fish maw sourced from a top-notch Guangdugong brand have a good texture when cooked to chewy, eggy perfection. Another stand-out main dish, Teochew-style Yellow Croaker can be braised or steamed with Puning bean sauce, featuring a delicious, savory, and hauntingly sweet taste. Always staying true to the spirit of Teochew cuisine, this Shanghai-based eatery offers streaky pork belly flown in from the Teoswa region, cuttlefish sourced from Guangdong's Huilai County and handmade beef and fish balls that are juicy and rich. Although not expensive, they are just irreplaceable in Shanghai.

Recommended Dishes

Shantou Frozen Snail Slices
Frozen King Salmon
Crispy Golden Sea Cucumber
Fish Maw

021-62625677

Villa B5, 1665 Hongqiao Road,Changning District, Shanghai

11:00—22:00

1200 RMB/person

Spotlight

Located in a storefront detached villa, homelike and intimate Amazing Chinese Cuisine is nothing less than a kitchen away from home for diners who like coming here a little earlier to have a cup of tea on the terrace. For cold platters, Teochew brine, steamed fish, salted seafood, and cold crustaceans are leading contenders here. Praised as the bull's eye of Teochew cuisine, Teochew brine is concocted from a multiplicity of spices, and can season goose meat and goose head that are three to five years old. Goose head and neck have thick skin and tender meat, and are very moreish when soaked with the brine, but there are only eight to nine on offer every day. Out of great love for rustic Teochew cuisine and with a deep understanding of Jiangsunese and Zhejiangnese palates, born-and-bred Puning local Du Jianqing founded Amazing Chinese Cuisine in 2015. Unsparingly Teochew Braised Fish Maw is a mainstay here, made by soaking fish maw in cold and hot water alternately for five days until they're softened to tender, elastic perfection, and then topping and tailing them. Unlike the Cantonese version with abalone sauce, Teochew-style version is made by stewing a soup base of chicken, ribs, lean meat, dried flounders, scallops, and dried shrimps, then adding in soaked fish maw and slow cooking them to tender, clear, chewy, and eggy turn perfection. When eaten with rich soup, it's an edible oxymoron of deliciousness and health, making the most of expensive ingredients. Marrying traditional Teochew-inspired seasoning with top-notch local produce is this eatery's forte, exemplified by the Steamed Fish. Teochew fried rice with dried turnip is also the calling card.

8 1/2 Otto e Mezzo BOMBANA

Italian

Italian eatery 8 1/2 Otto e Mezzo BOMBANA opened this branch on the sixth floor of Shanghai Rockbund's Associate Mission Building in 2012. Created by Umberto Bombana, Italian celebrity chef and "King of White Truffle" in Hong kong, it has a reputation for meticulously-sourced ingredients and expert culinary skills, with truffle and handmade pasta as its mainstays. The high-ceilinged interior, with a clear glass chamber taking pride of place in the dining room and scattered black and white accents, resembles an Italian wine and ham museum. A soft soundtrack and friendly services round out the experience with a relaxing vibe. There is also a bistro for waiting guests, thanks to BOMBANA's roots in upscale European dining traditions. With a long bar and wine cabinet lining a whole wall, the extensive wine list can offer... nearly everything.

Recommended Dishes

Japanese Red Tuna Akami and O-Toro Tartare, 8 ½ Otto e Mezzo "Beluga" Caviar Selection, Garden Tomatoes

Pan Seared Japanese Scallop

Pan Seared Australian "Mayura" Tenderloin, Braised Beef Short Rib Whipped Potatoes, Seasonal Vegetables, Aromatic Jus

Homemade Pappardelle Umbrian Style, Lamb Meatballs Ragout

 **021-60872890**

6-7/F, 169 Yuanmingyuan Road, Rockbund, Associate Mission Building, Huangpu District, Shanghai

18:00—23:00

2000 RMB/person

Spotlight

Headed up by Sicilian Chef Riccardo La Perna, 8 1/2 Otto e Mezzo BOMBANA is dedicated to the most authentic Italian cuisine. Known for the exacting standards it demands of ingredients, it offers guests a menu that changes to feature the freshest produce available, stimulating palates with the genuine flavor of Sicilian street foods, including a wide selection of seafood, dreamed up by Chef Riccardo, for whom seafood is a forte. It's no surprise that truffle features strongly. Come the biennial black truffle season, or for expensive white truffle feast, founder Umberto Bombana will visit to personally shave truffles in house, for an unparalleled feast. Hand-made spaghetti is also a mainstay at BOMBANA, which boasts a special pasta workshop staffed by specialists, offering flexible, glossy noodles in diverse shapes and sizes—deceptively easy-looking to make, but demanding great devotion to reproduce the flavors of Italy. Apart from staples, the many bread appetizers are served with balsamic vinegar and fine olive oils. Better still, BOMBANA's snacks change constantly to complement the main courses, adding to diner's sense of discovery. The bar, with its unique, extensive list of fashionable wines, is another big draw. But although the wine list is as thick as a book, sommeliers are on hand for guests who don't wanna bother with it. The seventh-floor terrace, due to open this summer, will provide a top spot for quaffing fine wine in the open air.

L'Atelier de Joël Robuchon

French Contemporary

     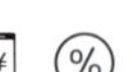

With French cuisine's leading authority chef Joël Robuchon at the helm, L'Atelier de Joël Robuchon has opened many branches all over the world, with all furnished to similar standards: an open kitchen, a U-shaped bar counter dominated by black and red accents, and a serious yet not stifling vibe.

At this haute French cuisine restaurant known for an exacting standard of ingredients and great attention to detail, dishes are deceptively simple and iconoclastic, but that would ignore their commitment to the perfect fusion of contemporary and tradition. Wherever the ingredients are sourced from, chef Robuchon just has a magical touch to turn them into French-style renditions featuring a modern take on traditions. Before cooking, Chef Robuchon always precisely calculates the amounts of these interrelated ingredients to guarantee a carefully-paced dining experience. Plus massive wine choices are available to complement those gourmet meals epitomizing Chef Robuchon's culinary genius.

Recommended Dishes

Crispy Soft-boiled Egg, Imperial Caviar and Smoked Salmon

Miso Glazed Black Cod with Pak Choy, Malabar Pepper Sauce and Coconut Foam

Duo of Wagyu Beef Tenderloin and Foie Gras "Rossini", Aged Port and Fresh Herb Salad

Imperial Caviar and King Crab Refreshed With Crustacean Jelly, Caulifower Cream

---

021-60718888

3/F, 18, Zhongshan Ding Yi Road, Huangpu District, Shanghai

Monday—Wednesday 17:30—22:30
Thursday—Friday 17:30—23:00
Saturday 11:30—14:00, 17:30—23:00
Sunday 11:30—14:00, 17:30—22:30

1500 RMB/person

Spotlight

Hailed as a culinary light in French cuisine, chef Joël Robuchon died of cancer recently in Geneva, Switzerland, but his legacy of gastronomic delights and inspirations will continue to influence the industry. Robuchon began cooking at a seminary, won the Meilleur Ouvrier de France competition at the age of 31, opened his first restaurant at the age of 36, closed it suddenly at the age of 50 and began traveling around the world, returned to his profession eight years later and opened his eponymous L'Atelier de Joël Robuchon. In the following decade, he has made quite a name for himself, thanks to his eclectic take on global cuisines and his focus more on ingredients' base flavors than on stylistic renditions deriving from his travels during which he picked up regional culinary craftsmanship and started to see the world differently. That translated into his accessible and sociable creations with simple yet exquisite culinary skills. Chef Francky of L'Atelier de Joël Robuchon (Shanghai) has worked under chef Robuchon throughout his career, and can replicate the gastronomic delights identical to those at chef Robuchon's Paris—based atelier for diners worldwide. Meanwhile, hyper-local cooking is this restaurant's another focus. A case in point—French-style Roast Chicken here is juicier and tenderer with free-range chicken known for a perfect proportion of fat and meat roasted to perfection. No doubt L'Atelier de Joël Robuchon's fine yet not sophisticated haute dishes are pure perfection.

Note: Pictures are from Scott Wright of Limelight Studio.

le Comptoir de Pierre Gagnaire

French Contemporary

Le Comptoir de Pierre Gagnaire, situated in Capella Shanghai Jian Ye Li is celebrity chef Pierre Gagnaire's first restaurant in mainland China. Rooted in neighborhood-style culinary culture, it offers simple, elegant French dishes, with the addition of Chef-In-Charge Romain Chapel's own unique contemporary twists. That means dishes whose relaxed, balanced fusion of flavors contrast with sophisticated-seeming names and ingredient combinations.

Refurbished from a classic Shanghai-style Shikumen building, the interior blends a modern Chinese and French color palettes and images, while retaining the high ceiling and brick walls typical of Shikumen. "Just like being in Paris", Chef Gagnaire sums it up. Monochrome photographs of French streetscapes, culled from chef Gagnaire's own collection form the highlight of one dining room, while an open terrace demarcated by floor-to-ceiling windows, with spectacular views of adjacent Shikumen buildings, forms the focus of another. Spacious private rooms and Le Bar, with 40 seats, are also available.

Recommended Dishes

Duck Foie Gras Terrine-Diced Artchoke, Thickend Carrot Juice, Toasted Brioche

Table-served Oscietra Caviar Scampi Tartare, Seaweed Jelly, Traditional Garnish, Avocado / Cauliflower Jacob

Grilled Beef Rib-Eye, Bone Marrow Coated with a Caviar Cream, Parsnip Puree

Dacquoise with a Coconut Cream and Preserved Ginger, Homemade Praliné, Aged Rum Ice Cream, Ebène Chocolate Ganache

---

021-54669928

No.480, Jianguo West Road, Shanghai

Monday—Thursday 7:00—10:00, 12:00—22:00
Friday—Sunday 7:00—10:30, 12:00—22:00

790 RMB/person

Spotlight

The observation that interpersonal relationships are inseparable from food was foremost in renowned chef Pierre Gagnaire's mind when he established Le Comptoir—whose name can be understood to mean "modest neighborhood restaurant"—in Shanghai, and motivated his choice of Capella Shanghai Jian Ye Li, which epitomizes Shanghai's classic Shikumen and Nongtang architectural styles.

Modest, handsome and young descendant of a long line of French celebrity chefs—his father, Alain Chapel was a larger-than-life authority in French cuisine—Chef Romain Chapel has sat Pierre Gagnaire's feet since 2012. This "single-minded would-be" chef has therefore enjoyed the opportunity of absorbing culinary influences from not one, but two maestros. "Here we present French classics, recast through different uses of ingredients, textures, and techniques."

Guests can expect a simple, honest, elegant French dining experience at Le Comptoir where the dishes, despite sophisticated names, and characteristic balanced fusion of multi-layered flavors, are rendered simply at the hands of Chef Romain and his team. Frogs Poulette Cocotte is a case in point. These juicy frog legs encased in thin crispy batter come drenched in creamy sauce. Ostensibly rich, the sauce comes with a hint of tartness that balances the richness of the deep-fried morsels it moistens releasing the sweetness of the froggy flesh within, in Chef Romain's signature reinterpretation of bullfrog, beloved of French and Chinese foodies alike.

Offering exquisite meals from breakfast through lunch, afternoon tea and dinner, Pierre Gagnaire's Le Comptoir offers a unique venue to "close neighborhood friends". One final tip: the restaurant's cakes and desserts, crafted by Chef Clément Ayache, are not to be missed.

Le Rivage

French Contemporary

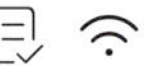      

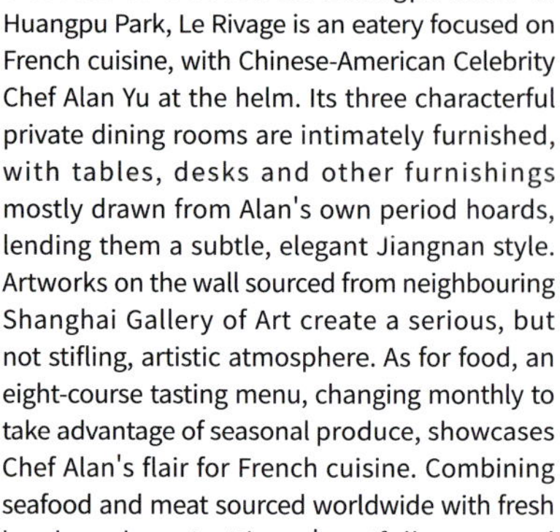

Situated in a house on Huangpu River in Huangpu Park, Le Rivage is an eatery focused on French cuisine, with Chinese-American Celebrity Chef Alan Yu at the helm. Its three characterful private dining rooms are intimately furnished, with tables, desks and other furnishings mostly drawn from Alan's own period hoards, lending them a subtle, elegant Jiangnan style. Artworks on the wall sourced from neighbouring Shanghai Gallery of Art create a serious, but not stifling, artistic atmosphere. As for food, an eight-course tasting menu, changing monthly to take advantage of seasonal produce, showcases Chef Alan's flair for French cuisine. Combining seafood and meat sourced worldwide with fresh local produce, Le Rivage's artfully arranged plates take diners on a carefully-paced culinary journey through a multiplicity of flavors. Especially worthy of attention is Chef Alan's use of Italian truffles, converting each Le Rivage meal in truffle season feast into an unmissable feast.

Recommended Dishes

Royal of Langustine Carpaccio, Curry Lime Oil, Green Apple

Housemade Fresh Pasta, White Truffle, Australian M9 Wagyu Sirloin

Parsnip Purée, Black Garlic, Boulangerie Jus

Cherry White Chocolate Ganache, Marinated Cherry, Lime Sorbet

021-53067757

No.425, East Zhongshan Road (near Beijing Road), Inside Huangpu Park.

18:00—22:00

1500 RMB/person

DaDong (Park Place) 

Innovative

DaDong Restaurant, on the fifth floor of Park Place, is DaDong's first branch opened in Shanghai. Famous for its "Super Lean Roast Duck", DaDong's "Artistic Conception of Chinese Cuisine" has made a great impression.

Elegantly designed, and predominantly decorated in white, DaDong's interior is delicate and stylish, with an enjoyable classic vibe. Like a secluded resort, it offers capacious private rooms and terraces with broad views.

"Super Lean Roast Duck" is one of DaDong's three signature dishes and a must-try, with crisp, crunchy skin, and lean, intensely roast-flavored meat. In DaDong's book-thick menu, an ancient poem accompanies almost every dish. A relatively stable collection of main dishes aside, each season is greeted with a few novelties. Masters of both Chinese and Western cooking techniques, DaDong's Chefs shape foods from across the world into artistic forms—some as charming as classic Chinese painting, others as evocative as Impressionism—reflecting DaDong's cultural achievement, international vision and pioneering spirit.

Recommended Dishes

Chef Dong's Braised Sea Cucumber with Quinoa
Slow-cooked Lobster in Saffron Sauce with Rice
Stewed Fish Maw in Saffron Sauce
DaDong "SuBuNi" Roast Duck

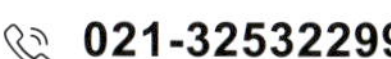

021-32532299

5/F, Park Place, No.1601 West Nanjing Road, Jing'an District, Shanghai

11:30—21:30

500 RMB/person

Fu 1015

Shanghainese

Fu 1015, a renowned member of Shanghai's Fu series of restaurants, serves a refined version of Shanghai cuisine. Hidden at No.1015 Yuyuan Road, this restaurant is housed in a modern European-style villa with a fine stucco façade, under a pitched roof of red semicircular tiles with vaulted dormer windows, and rectangular and semi-circular terraces—all impressive hallmarks of the Art Deco style fashionable in Shanghai last century. Fu 1015's old chandeliers, wooden floors, stained glass windows, and deferential doormen, recreate an impression of familial 1930-40s fine dining. A spacious living room behind the main corridor opens out onto a secluded garden's wide lawn through 12 French windows. The restaurants offers just nine reservation-only private rooms—all boasting beautifully-carved old-fashioned furniture, antique wallpaper and velvet-covered seating—with set menus at three different prices. The waitresses speak softly, making for a genteel dining pace.

Recommended Dishes

Steamed Pot Rice with Abalone and Pork Belly in Soy Black Truffle Sauce

Chilled Glass Noodle Roll Filled Minced Greens and Sesame Dressing

Braised Sliced Yellow Croaker with Black Fungus and Bamboo Shoot in Shaoxing Wine Brine

Hazelnut Foie Gras Paste with Spring Onion Pancake

 **021-52379778**

No.1015 Yuyuan Road, Changning District, Shanghai

11:00—04:00, 17:15—23:00

1500 RMB/person

Spotlight

Tony Lu, Fu 1015's Executive Chef, is arguably one of the leading lights of Shanghai—and even Chinese Cuisine. Starting at 16 as a helper in a Chinese restaurant kitchen, he was head chef at 21. At 24 he turned his hand to seafood sales, taking an apprenticeship in a Western restaurant a year later before returning to Chinese cuisine at 26. A Shanghai native, he's proud of his mastery of Shanghai's culinary techniques, and can recount the origins of Shanghai's Roast Duck recipe, and the tradition of eating Hairy Crabs. But he's also aware of trends in international cuisine, and deftly combines western cooking ideas with local ingredients, perpetuating many dishes which have narrowly escaped from extinction due to their complex preparation processes, and are near-impossible to find elsewhere, for example, Deep-fried Crispy Duck with Pine Nuts—which is first marinated and steamed, then deboned and stewed with shrimp paste, before frying sprinkled with pine nuts—and Braised Tofu with Shrimp Meat, Shrimp Paste and Shrimp Roe. Despite his admiration and respect for tradition, Chef Lu does not follow it blindly, thinking outside the box while retaining his deep Shanghai roots. Offering set menus only, Fu 1015 also provides diners with respite from their decidophobia—a problem from which Tony suffers himself—serving a full range of food—appetizers, soups, main dishes, and snacks—made using distinctive cooking methods. Full of the flavor of modern Shanghai, at Fu 1015 you can recollect the past while tasting the present, especially during the restaurant's calling-card Crab Feast, where Chef Lu's empathy with crabs shines through in every bite. It is a must-eat during crab season.

Royal China Club 

Cantonese

The 5 Shanghai Bund branch of London's award-winning Royal China Club—renowned for exquisite Cantonese cuisine and delectable dim sum—opened in 2016. Famous Hong Kong Chef Lai Canwen, heads up the kitchen team, making dim sum in the afternoon and other dishes on demand. The restaurant also offers an extensive list of red & white wines, including champagne, with sommeliers on hand to make recommendations.

The Club's modern Chinese-style interior is decorated in a bold palette of black, white and vermilion tones, scattered with auspicious clouds and fish scale symbols, elegantly combining Chinese elements and modern materials. Latticework screens elegantly divide the space, with decorative marble adding a fashionable touch. Ceramic pieces by famous Taiwanese masters are dotted about, along with solemn statues of Bodhisattvas, giving the space a tranquil air. With only 6 distinctive private rooms and 9 tables in the main dining room, booking a day or two ahead is highly recommended.

Recommended Dishes

Braised Abalone with Abalone Sauce

Stewed Scottish Blue Lobster (Sauteed with Ginger & Onion)

Sauteed Diced Beef with Black Pepper

Crispy Egg Cream Buns

 **021-63332981**

3/F, Bond 5, No.20 Guangdong Road, Huangpu District, Shanghai

11:00—14:30, 17:00—22:00

500 RMB/person

Spotlight

Since its founding in London, Royal China Club has always specialized in traditional Cantonese cuisine, and its Shanghai branch is no exception. Famous Hong Kong Chef Lai Canwen heads up the kitchen. A chef since age 18, his 39 years of experience have made him a "living encyclopedia" of traditional Cantonese cuisine. Lai says ingredient selection is cooking's critical factor, and aims to respect ingredients' intrinsic tastes, enhancing them mainly through choice of cooking technique. Thus, chicken stock and MSG are forbidden in the Club's kitchen, where instead, soup stock, chicken soup and abalone sauce are freshly prepared for use as seasonings each day. Chef Lai also seeks out vibrant tastes worldwide, integrating them into his classic dishes to maintain their relevance. A long-established Cantonese restaurant, Royal China Club uses some unusual ingredients, such as big, fleshy 25-year-old Scottish lobsters, their preparation testing of a chef's culinary skills: overcooked, they become rubbery; undercooked, their flavor cannot find its full expression. Royal China Club's dim sum is famous for combining tradition with innovation. For example, in a new take on traditional Taro Cake Filled with Fresh Shellfish, the Club swaps in a Black Truffle and Yunnan Jizong Mushroom filling, for a brand-new flavor. And the Club's ice cream has Russian President Vladimir Putin's endorsement. Not cloying or sticky, its mild, sweet refreshing flavor is unforgettable, and impossible to find elsewhere. It's no wonder then, that through unceasing efforts and some unique culinary trickery Royal China Club has attracted a growing following of picky gourmand fans over its lengthy history.

Seventh Son Restaurant (Jing' an) 

Cantonese

An offshoot of Hong Kong's famous, high-end Seventh Son Restaurant, this is one of Shanghai's leading Cantonese-style restaurants. Offering top-quality ingredients, traditionally prepared, in a simple, comfortable environment with exquisitely attentive service, Seventh Son has enjoyed a stellar reputation, making it a must-visit for Hong Kongese in Shanghai yearning for flavors from home. Available for gatherings of friends and business banquets, Seventh Son has a low-key, reliable feel. Traditional dishes including Crispy Fried Chicken, Chicken Consommé Poached Lobster, Pomelo Peel Shrimp, and Lotus Leaf Scallop Rice showcase decades of experience accumulated by master Chefs stationed in the restaurant. Precious ingredients—abalone, sea cucumber, shark fin, fish maw—come from the restaurant's long-established suppliers. Even "home cooked" stir fry dishes are far from crude: everything—cabbage, soup or cake—is cooked to perfection, and steeped in the unadulterated flavors. Besides the set menu, Seventh Son's seasonal menus loaded with seasonal vegetables, festival cakes, homemade sauces and other surprises, and you never overlook.

Recommended Dishes

Baked Stuffed Carb Shell with Onion and Fresh Crab Meat

Seventh Son's Famous Crispy Chicken

Sautéed Crab Meat and Sliced Shrimps with Egg

Fried Rice Assorted Meat and Conpoy Wrapped in Lotus Leaf

021-62663969

2-03, 2/F, Phase 1, East Wing, 1515 West Nanjing Road, Jing'an District, Shanghai

Monday—Friday 11:30—14:30, 17:00—22:00
Saturday—Sunday 11:00—15:00, 17:00—22:00

850 RMB/person

Yong Yi Ting 

Jiang-Zhe

With origins in two abundantly-endowed provinces, Jiang-Zhe cuisine is famous for fresh produce and fine culinary skills. But it takes a flair for innovation, which Yong Yi Ting amply demonstrates, to raise this to the level of true haute cuisine. Tucked into the Mandarin Oriental Pudong Shanghai, in an interior with floor-length windows inspired by classic Chinese style, scattered with tall screens, with a fountain's gurgle audible. Very different from the staid space of a typical Chinese restaurant. Decor aside, the restaurant's culinary consultant, internationally-acclaimed Shanghai-based Chef Tony Lu, adeptly reinterprets Chinese cuisine to offer an unceasingly surprising monthly menu, featuring dishes such as Yan Du Xian, thin dumplings boiled in light chicken soup; Cold Tofu, with scallops for a fresher touch; and Three Shrimp with Tender Bamboo Shoots... Innovative food, constantly updated, traditional in spirit. Cuisine is ever-changing. While the public may never have the fortune of trying Yong Yi Ting's dishes, their creativity is undoubtedly second to none.

Recommended Dishes

Braised Boneless Beef Ribs in Soy Sauce with Nuts
Wok-fried TaiHu Lake Fresh Shrimps
Yellow Croaker Wonton Soup
Crispy Pomfret

 **021-20829978**

1111, South Pudong Road, Mandarin Oriental Hotel Pudong, Pudong District, Shanghai

11:30—14:30, 17:30—22:30

600 RMB/person

Ming Court

Cantonese

Situated in Shanghai's Cordis Hotels and Resorts, Ming Court has been all the rage since its opening in August 2017. At the hands of Chef Su Weiqing whose forte is adding Cantonese creativity and Shanghainese touch to globally-inspired fine cuisine, the dishes here are more tailored to local palates, like Ming Court Crispy Chicken with Lotus and Root Slices. No prizes for guessing that many award-winning dishes from Hong Kong's famous Ming Court of Langham Hotels are also mainstays here, such as Fried Giant Grouper Enrobed in Minced Shrimp and Fish Maw and Shredded Chicken Soup, exciting guests' taste buds with heavenly authentic flavors and meticulously sourced ingredients. Furnished to a Shanghainese-style genteel standard, the interior is a throwback to the 1930s with a gold and brown color scheme and silhouettes of soft-faced women in cheongsam on glass screens. With eight refreshingly and elegantly designed private rooms, Ming Court is a top pick for high-end business dinners and family gatherings.

Recommended Dishes

Ming Court Crispy Chicken with Lotus and Root Slices

Fried Giant Grouper Enrobed in Minced Shrimp

Pan-fried Wagyu Beef Parcel with Black Truffle

Double Boiled Chicken Soup with Fish Maw, Conpoy, Conch and Honey Melon

021-52639618

B1, Cordis Hotels and Resorts, No.333, Shenhong Road, Minhang District, Shanghai

Monday—Friday 11:30—14:30, 17:30—22:00
Saturday—Sunday 11:30—15:00, 17:30—22:00

600 RMB/person

Spotlight

With twenty-seven years of experience under his belt, Chef Su can craft dishes scoring high both in flavor and rendition. Ever since the age of 17 when he learned to cook, Chef Su has been a stickler for ingredients' basic nutrition and flavor, resulting in his exacting standard of top-notch ingredients and constantly recasting dishes here with his creativity and craftsmanship. That translates into many Ming Court's stand-out specialties like the Pan-fried Wagyu Beef Parcel with Black Truffle—a perfect marriage of wagyu beef and black truffle pan-fried to juicy, tender and melt-in-your-mouth perfection.

Many award-winning dishes from famous Ming Court of Langham Hotels like Ming Court of Langham Hotels Hong Kong are also mainstays here. Thanks to his five-year experience in Macao where he honed his Cantonese cooking skills, Chef Su is able to reproduce Cantonese essence with "quality ingredients and trendy textures" in his own words.

Born and bred in Shanghai, Chef Su also adds some Shanghainese influences to this restaurant, leading diners on a culinary journey reminiscent of Shanghainese flavors and memories, for he believes that "a culinary journey somewhere is also an exploration of its history and culture". That is why Ming Court tries to create a retro space refurbished to a 1930s standard to reflect its Shanghainese gene.

The massive wine list is another big draw here, offering a plethora of premium wine and sake. Better still, sommeliers are on hand to amaze guests with fantastic wine choices to complement their Cantonese dishes.

Maggie 5 

Modern Shanghainese-western

      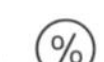

Headed up by acknowledged Chinese Cuisine Master Chef, Sun Zhaoguo, Maggie 5 focuses on modern Shanghai-western cuisine, blending traditional Chinese flavors with contemporary western culinary concepts. Situated by Entrance 4 of the Shanghai Xijiao State Guest Hotel, this eatery's luxurious Gaudiesque decor is composed almost entirely of curves, making it reminiscent of the interior of an art museum. Downstairs, pride of place is taken by a quaint exhibition cabinet, housing a collection of exquisite heirlooms and tableware collected from sixteen countries worldwide. While the downstairs area is luxurious and elegant, upstairs, the select private rooms are distinctive and artistic. While diverse in theme, each is inspired by European style, bearing the eclectic stamp of Shanghainese-western cuisine. Even the design of the washrooms is quirky and interesting, making them a suigeneris destination in their own right.

Recommended Dishes

Wagyu 60g with Pear
Black Sea Cucumber with Shrimp Seeds
Wagyu 40g
Caviar 10g with Crab

021-62957199/021-62957138

669 Honggu Road, near Qingxi Road, Changning District, Shanghai

11:00—21:30

800 RMB/person

Spotlight

Headed up by Sun Zhaoguo, one of its founders, Maggie 5, with both indoor and open-air dining spaces, offers dishes in perfect renditions, with unbeatable flavors, making it a red-hot favorite even among celebrities. Although 56-year-old acknowledged Chinese Cuisine Master Chef Sun has worked in the kitchen for 30 years, it is still the place where he enjoys the most. An artist at heart, Chef Sun has travelled extensively to explore ingredients, recipes and secret sauces, founding this place of his own primarily to share gastronomic delights hands-on with his friends, and let his culinary imagination run wild. Although Maggie 5 is a Shanghai-style eatery, its unique idiosyncrasies put it outside the mainstream. When Shanghai opened up to foreign businesses years ago, many western restaurants sprung up, fomenting development of a vigorous Shanghai-western cuisine scene dedicated to the adaptation of western dishes to Chinese palates. To this, today's Maggie 5 adds its own modern twist, with a "modern Shanghai-western cuisine": dishes tailored to Chinese palates, featuring ingredients sourced planet-wide, and prepared with culinary skills blending tradition and innovation. There is an ala carte menu, but complete meals can also be tailored to diners' budgets, providing a myriad of flavors for a stimulating taste sensation.

XinRongJi(West Nanjing Road)

Jiang-Zhe

Be it in Beijing, Shanghai, Hangzhou, or Hong Kong, XinRongJi Restaurant focused on upscale Chinese cuisine has made a name for itself soon after its opening by virtue of its commitment to "genuine flavors and perfect renditions". Established over 20 years, New Wing Kee has obtained strong supply channels, a stable kitchen team, well-trained service staff, and a carefully designed studio, all of which help build a comprehensive and caring dining experience. Known for its own unique take on fresh catches from the East China Sea and Taizhou cuisine, it also offers globally-inspired fusion dishes. With well-executed signature dishes, impressive seasonal dishes and appetizers, not to mention attentive and dedicated service, the restaurant caters to both local regulars who may visit three times a week and Shanghai's first timers from all over the world.

Recommended Dishes

Deep-fried hairtail

Braised black pork ribs Taizhou style

Braised Sea Anemone with Sweet Potato Noodle

Braised Tofu with Scallion in Casserole

021-53861717/ 021-53867617

F2, No.688, Nanjing Road West, Jing'an District, Shanghai

11:00—14:00, 17:00—21:00

500 RMB/person

Spotlight

The reputation that New Wing Kee has carved out mainly relies on its fresh and top-notch ingredients delivered daily by a cold-chain van between Taizhou's Jiaojiang District and Shanghai. And it also has a special channel between China's major ports and Shanghai through which some premium daily catches will be directly brought to its tables. Take hairtail as example—New Wing Kee's hairtail is sourced from Zhejiang's Zhoushan and the Sea of Korea, and very demanded among Shanghai's foodies for its crispy and tender texture after deep-frying . Of course other seafood here, pricey or humble, is also very fresh.

In addition to seafood, New Wing Kee's commitment to "genuine flavors" is also at its exacting standard of seasonal produce sourced from private farms where fruit and tea trees are planted organically by specialists, and of expensive ingredients like truffle and sea cucumber sourced from its long-term suppliers. These seemingly simple dishes belie its great devotion.

Known for rustic food and dedicated service, New Wing Kee is focused on seafood sourced from East China Sea and Taizhou-style home cooking, like Braised Yellow Croaker, Braised Sea Anemone with Glass Noodles, Shredded Dry Tofu, and Linhai Wheat Cake. Plus attentive and dedicated service here brought by a well-trained staff and professional sommeliers is another feather in its cap that makes it well-deserved among the best.

Yong Fu 💎 💎

Jiang-Zhe

Tucked away inside the Gothic-style Jinjiang Hotel, Yong Fu specializes in authentic Ningbo cooking. Indeed all of its employees—from owner to commis chef—are Ningbo locals. And at over 1000 yuan per head, it's worth every penny, with Leek Puree Snails, delicious Yellow fish, tender New Year Rice Cake and delectable roasted vegetables on offer. Signature dish "Secret Recipe Wild Yellow Croaker" perfectly combines pickled cabbage, fishy soup and fish meat, for a crisp yet smooth, tender texture that Ningbo locals say "feels like floating". The fresh, savory leeks here have a sweet after-taste, and aside from East China Seafood, many scarcities including rare Cicheng New Year Rice Cake, and Fenghua taro, can be had. For many Shanghai-dwellers with Ningbo roots, a wide range of familiar flavors await: salted crab, seaweed cakes, wax gourd, fried dried fish... Despite a menu little-changed since Yong Fu's opening several years ago, top-notch ingredients, fine culinary skills, and excellent dishes keep this restaurant crowded.

Recommended Dishes

Diesel Taro and Crackling Soup

Boiled Wild Yellow Fish

Braised fish gelatin & garlic with soy sauce

Iced Crayfish

021-33566777

12/F, Cathay Building, Jin Jiang Hotel, 59 South Maoming Road, Huangpu District, Shanghai

11:00—14:00, 16:00—21:00

1000 RMB/person

Spotlight

Stepping out of the elevator on the twelfth floor of the classic Jinjiang Hotel, one enters a long, quiet corridor with an elegant dark color scheme and a retro tiling, along which nine private rooms are arrayed. Furnished to a genteel standard, these overlook greenery-fringed, time-honored buildings, lending an antique feel to Ningbo-style eatery Yong Fu. Unsurprisingly, crab is the mainstay here, accounting for one tenth of the 50—60 dishes on offer. But their recipes vary widely: crustaceans can be salted, stir-fried, boiled, fried in batter, steamed, deep fried, cooked in soup, and preserved and chilled with sauce, depending on diners' fancy. And Shengsi Wild White Crabs, which reach their creamy, succulent best in the depths of winter, can then simply be seasoned, no further preparation necessary. While Yong Fu honors traditions, it also reinvents them to offer more striking flavors. In early spring, between Mid-Autumn and Qingming Festival, the East China Sea's Daiqu Large Yellow Croakers reach their best. When they're delivered, they're first displayed in the dining room, going back to the kitchen for preparation, before returning on ice, to be served in a thick rich soup made of Little Yellow Croaker, pickled cabbage, shredded bamboo shoots and New Year Rice Cake—an unconventional recipe, unique to Yong Fu, whose perfectly-combined ingredients render the valuable fish more tender and delectable. The restaurant naturally has many other hallmark seafood offerings: fatty Zhoushan hairtail, steamed white Pomfret, sauced Mackerel... And diners here for the first time always go into raptures over its handmade Ningbo Sweet Dumplings—fresh black sesame encased in Cixi glutinous rice, dripping with homemade osmanthus sugar—small, sweet, chewy balls that are second to none in Shanghai.

River Drunk  

Jiang-Zhe

Decorated in classic Jiangnan style, River Drunk resembles the dwelling of an ancient Mandarin. Quaint screens, exquisite porcelain vases, elaborate paintings and lacquer works, embroidered curios and frescos adorn its walls and ceilings. Five smaller private dining rooms are differently-themed, and the larger Wanda private dining room is decorated to state banqueting standard.

River Drunk's reputation is based on its Greater Huaiyang Cuisine—an eclectic take on the culinary styles of Suzhou, Zhejiang, Anhui and Shanghai. Committed to ingredients and processing techniques entirely devoid of ostentation, this eatery highlights pure, simple flavors, showcasing the elegance of Huiyang cuisine via its exacting standards. Chef Cai Yi, renowned for Huiyang culinary expertise garnered over 25 years' kitchen experience, is at the helm, delivering classic results including Yangzhou-style Stir-fried Sliced Dried Bean Curd, Longjing Prawns, and Meatballs with Manchurian Ginseng. Not to mention"Jianghuai"style Chicken Casserole with Pork Trotters—an unmissable experience.

Recommended Dishes

Chinese Wine Ceviche Sea Whelks

Slowly Braised Beef Short Rib with Rice Wine and Almond

"Jianghuai" Style Chicken Casserole with Pork Trotters

Sautéed Hand Peeled River Shrimp with "Longjing" Tea

021-53688854

5/F, 538 Zhongshan Dong Er Road, Wanda Reign on the Bund, Huangpu District, Shanghai

11:30—14:30, 17:30—22:30

550 RMB/person

Alan's Bistro 

French Contemporary

Tiny bistros have provided many celebrity chefs with a first stepping stone into the gastronomic world of fine dining, and Alan's Bistro is a case in point. For thirty years, Shanghai-born, Washington-raised owner Alan Yu paid his dues in brand-name kitchens worldwide, including Citronelle, Jean George and 8½ Otto e Mezzo, before opening his first eatery in Shanghai's Rockbund. A Western cuisine adept, keen on exploring quality ingredients sourced planet-wide, he offers guests authentic Beef Wellington, Yunnan wild mushrooms, New Zealand venison, French oysters, Chongqing salmon and Hokkaido sea urchin, not to mention selected, fragrant Chongming saffron tea. Alan's menu has a simple but precise take on Chinese and Western ingredients, with each dish being a carefully-selected entry from a foodies' bucket list. With walls showcasing the well-travelled Chef Yu's extensive landscape photography, and an open kitchen taking pride of place, Alan's Bistro's fine flavors offer unceasing surprises.

Recommended Dishes

"Rougié" Foie Gras, French Toast, Tomato Sauce

Escargot Bourgogne, Fresh Herb

"Sliders" Boston Lobster, Wagyu Beef Burgers

"New Zealand" Venison Tri Tip, Roasted Brugos Potato, Vegetable

---

021-63291699

445 First East Zhongshan Road, Huangpu District, Shanghai

Monday—Friday 11:30—13:30, 18:00—21:00
Saturday—Sunday 11:30—14:00, 18:00—21:00

500 RMB/person

Bistro 321 Villa LE BEC

French Contemporary

Bistro 321 Villa LE BEC is a French cuisine restaurant opened by Chef Nicholas Le Bec and his wife in a century-old detached garden villa on Xinhua Road five years ago. With all kinds of intuitive amenities, potted plants and exquisite art, this spacious space features a quaint chic reminiscent of a French-style mansion. For years, this bistro has trumped Shanghai's western restaurant crowd at the helm of French cuisine maestro chef Nicholas who visits the kitchen every day to ensure quality offerings. Catering to both private parties and small group dinners, it offers many in-demand specialties like Semi-cooked Duck Foie Gras Terrine with Cognac "Salt and Pepper", Slow-cooked Beef Cheeks, Deep-fried Frog Legs, Snails "Profiteroles" with Garlic Cream, and Tartare de Bœuf en "Boule". While celebrating French cuisine, chef Nicholas also throws in his own Chinese twists to tempt Chinese diners with lighter variants of French classics. Plus don't leave here without tasting its delicious bread and desserts.

Recommended Dishes

Tartare de Bœuf en "Boule"

Le Fameux Pâté Croute, Canard et Foie Gras

Oursins XXL "Chaud et Froid", Royale de Homard et Châtaignes

Bœuf Fumé aux Genièvres, gratin d'oignon, jus de vin rouge au Cacao

021-62419100 /021-62419180

No.321, Xinhua Road, Changning District, Shanghai

Tuesday—Thursday 17:45—01:00
Friday—Sunday 11:45—01:00
Dinner starts from 17:45 (Closed on Monday)

745 RMB/person

Bistro Sola 

French Contemporary

Bistro Sola, tucked away on Jiashan road, is an eatery run by Chef Motoya Otokozaw from Japan's Hokkaido. Filling a four-storey Ironwood-framed house, the space features a bar, an open kitchen, a terrace and its crowning glory, a terrace with an exquisite view. Having worked at some of the highest-class restaurants worldwide, Chef Otokozaw has consummate expertise in preparing seafood, meats and vegetables. While celebrating French cuisine, he adds his own unique twists, revolving around Japanese and Chinese seasonal ingredients, to offer guests an unusual menu that is constantly changing to leverage the freshest produce available. Pan-Seared Foie Gras is paired with daikon in a slow-cooked kombu soup and Yuzumiso sauce; Baby Squid filled with ratatouille, shrimp and scallopmeat, and red hair crab meat in special saffron sauce, renders a rich and unique mouthfeel; with sea urchins and abalone in season, Sea Urchin and Lived Abalone Risotto, the sought-after specialty in the secret menu, is only supplied in a certain period. More surprisingly, Sola's special set meals nonetheless fully showcase their Chef's culinary talent and devotion.

Recommended Dishes

Pan fried foie gras with "Daikon" served with Yuzu citrus sauce

Hokkaido scallop carpaccio with black truffle and passion fruit sauce

Baby squid filled with ratatouille and red hair crab meat in saffron sauce

Sea urchin and lived abalone risotto

021-33563580

No.510, Jiashan Road, Xuhui District, Shanghai

11:30—15:00, 17:30—22:00 (Closed on Monday)

348 RMB/person

Bo Shanghai 

Innovative

Entering Bo Shanghai via the Hong Kong Walled City-style Daimon Gastrolounge feels like stepping into a time warp. Behind the concealed door lies a new world: a counter with ringside seats for the open kitchen, and private rooms overlooking the magnificent skyline of Shanghai's glitzy Lujiazui financial district... This is the ultimate Chinese eatery, created by "Demon Chef" Alvin Leung, famous for combining the spirit of the eight Chinese culinary classics with a uniquely innovative personal touch. Offering a ten-course tasting menu, Bo Shanghai leads diners on a "Culinary Journey" across China, revolving around authentic local delicacies such as Fujian Red Rice Wine, Jiangsu Zhenjiang Vinegar, Sichuan Pepper and the soups of Guangdong. An iconoclastic avant-garde chef, Alvin has a reputation for his magical ability to combine the ultimate in Chinese cuisine with his own unique embellishments.

Recommended Dishes

Jiangsu—Duck a L'Orange

Sichuan—Foie

Fujian—Vitello Tonnato, Glutinous Red Wine, Toro

Shandong—Piccione Dal Shandong, Dezhou Essence, Black Truffle, Porcini

021-53833656

6/F, Bund 5, 20 Guangdong Road, Huangpu District, Shanghai

Wednesday—Sunday 18:00—23:00

2200 RMB/person

Spotlight

Alvin Leung, whose right arm bears the tattoo "Demon Chef", is a leading light in Asian gastronomic innovation. With two openings to his name, Chef Alvin's unceasing disruption has continually redefined Chinese cuisine, and brought inspiration to his profession. In 2016, he opened a new spot on the sixth floor of Shanghai's Bund 5: Bo Shanghai, an innovative modern eatery inspired by the eight Chinese culinary classics. Passing through casual Daimon Gastrolounge to find it, one enters a space defined by wood elements, with open kitchen taking pride of place. Offering a ten-course "Journey-themed" tasting menu with each dish named for a Chinese province, Bo Shanghai is unique in gathering classic gastronomic delights from all over the country, allowing diners to experience a wide selection of ever-popular, innovative Chinese dishes. From Longjing Prawn-inspired "Zhejiang", to "Sichuan's" Sliced Beef Offal in Chili Sauce variant, Chef Alvin celebrates tradition while keeping his avant-garde sights trained, with nostalgia and creativity in perfect proportion. Take "Sichuan" as an example: this swaps out the familiar ingredients of Sliced Beef Offal in Chili Sauce for flash-fried duck gizzard, braised duck tongue and foie gras, matched with green sauce concocted from lavender jelly, fresh Sichuan Pepper and six varieties of herbs, and a pink powder mixture of freeze-dried soy and chili pepper. The result is a mix of lavender scent and foie gras smoothness that triumphantly combines with Sichuan Pepper's faint pungency with every bite, bearing witness to Alvin's iconoclastic style. It's just the kind of innovation that Bo Shanghai constantly manages to produce; the latest "Sichuan"—groper, jellyfish and Sichuan chili oil—being yet another example.

Mercato By Jean-Georges 

Italian

As the name Mercato—Italian for "market"—suggests, this joint venture, by French cuisine-focused Celebrity Chef Jean-Georges Vongerichten on the Three on the Bundis an Italian eatery with an unselfconscious, farm-to-table style energetic vibe. In a prime location on the sixth floor of the Three on the Bund, delivering a spectacular panorama of the Pujiang River, the interior designed by Neri & Hu with its leather-tufted banquettes and reclaimed wood dining chairs under fantastic metallic lights, is novel and unique. Headed up by Kelvin, who Jean-Georges hails as the "rising star of the Shanghai cuisine scene", the eatery's innovative seasonal menu displays Chef Kelvin's skill in combining top-notch Italian ingredients with the freshest local produce, in dishes such as the ever-popular Roasted Sea Bream and Crispy Beef Ribs. And no prizes for guessing that Mercato's pizza is a must-eat. Made by baking Italian wheat flour dough at over 300 °C , its light, resilient, chewy texture is irresistibly moreish.

Recommended Dishes

Black Truffle, Three Cheeses and Farm Egg

Warm Seafood Salad with Avocado, Lemon and Parsley

Housemade Ricotta with Cranberry Compote, Olive Oil and Grilled Bread

Burrata Cheese with Lemon Jam, Sea Salt and Basil

 **021-63219922**

6/F, Three on the Bund, 3 Zhongshan Dong Yi Road, Huangpu District, Shanghai

17:30—22:30

624 RMB/person

Mr & Mrs Bund - Modern Eatery by Paul Pairet 

French Contemporary

Although centrally located on Shanghai's Bund 18, Mr & Mrs Bund opened 2009 rejects the upscale French cuisine label. Headed up by Celebrity Chef Paul Pairet, MMB is committed to a family-style, guest-focused, popular dining experience. The la carte menu here offers 150 dishes; an extensive selection that Chef Pairet believes allows guests to experience subtle flavors in all their shades. A gastronomic egalitarian, Chef Pairet puts truffle and Coca Cola on equal footing, for globally-inspired, unselfconscious, fashionable dishes, family-style fun, and a friendly vibe. As for decor, a long twenty-seat dining table dominates the spacious dining room. The by-the-glass wine list, almost as extensive as the menu, offers 32 choices, giving diners freedom to experiment and combine according to their palates. A final tip: don't be surprised to find the same dishes offered here as at Ultraviolet.

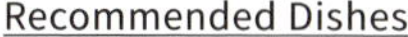

Recommended Dishes

Meunière Truffle Bread
Jumbo Shrimp "In Citrus Jar"
Lemon & Lemon Tart
Long Short Rib Teriyaki

 **021-63239898**

6/F, 18 Zhongshan Dong Yi Road, Huangpu District, Shanghai

Monday—Wednesday 17:30—22:30
Thursday—Friday 17:30—02:30
Saturday 11:30—14:30, 17:30—02:30
Sunday 11:30—14:30, 17:30—22:30

850 RMB/person

OPPOSITE by Jenson & Hu 

Innovative

In an understated location on bustling West Jianguo Road, OPPOSITE focuses on innovative Continental cuisine. Spread over two floors, in addition to a bar and shared dining room, the restaurant boasts several private rooms, with the bright, cool décor upstairs contrasting harmoniously with downstairs' warmer, dimmer feel: the origin of the name OPPOSITE. With a background in French cuisine derived from time spent in many reputed kitchens worldwide, Chinese-Canadian Chef Jenson has his own eclectic take on Continental and Asian cuisine, exemplified by Tuna Chips inspired by spicy tuna sushi. OPPOSITE's menu offers dishes in both group and individual servings, including Caviar and Sea Urchin Egg Custard that marries rich seafood flavors with its eggy base, and Lobster Spaghetti with a few innovative twists away from more traditional versions. Brunch offerings are remarkably good for value at the weekend, and after eating upstairs, a few drinks in the breezy downstairs garden can bring any meal to a perfect conclusion.

Recommended Dishes

Caviar/Sweet Prawn/Sea Urchin/Egg Custard
Ox Tongue/Truffle Egg Yolk/Ginger Soy Glaze
Sea Urchin/Sea Urchin Butter/Shrimp Broth/Spaghetti
Crispy Apple Tart/Vanilla Ice Cream

021-64270127

222 West Jianguo Road, near Jiashan Road, Xuhui District, Shanghai

Monday—Friday 12:00—14:00, 17:30—22:00
Saturday—Sunday 12:00—15:00, 17:30—22:00

500 RMB/person

PRIMO1

Italian

"PRIMO1" is a pun on the Italian "primo posto": "second to none". As the name suggests, Italian cuisine is central at this ambitious operation. Near the doorway, a dining area complete with a bar and a pizza oven, uniformly decorated in red and black, offers guests an independent menu. Inside, another dining room stretches between a spacious terrace with breathtaking views and a row of cabinets, stacked with a collection encompassing most of Italy's best wines, the sides of which double as makeshift private booths. Jacky Xue, the young yet well-experienced chef—who once cooked for former Italian Prime Minister Silvio Berlusconi—has brought his influence to this new spot in the form of a meticulous commitment to quality ingredients. Jacky believes only the artful combination of quality ingredients and culinary skills can produce outstanding Italian cuisine. And remarkably, in addition to its on-menu offerings, PRIMO1 also makes dishes to order.

Recommended Dishes

Aus Wagyu Steak
Selection of Seafood Plate
Cold Pasta with Sea Urchin
Halibut Fish

 **021-63150127**

No.W02-03, F3, Infinitus Mall, No.168, Hubin Road, Huangpu District, Shanghai

11:00—23:00

700 RMB/person

Scarpetta 

Italian

Scarpetta derives its name from Italian "Fare la scarpetta" meaning "sopping up the remaining sauce deliciousness with bread". Hidden away in a downtown building, Scarpetta has been a favorite haunt of street-food lovers with authentic pizza offerings and stomach-warming light bites since its opening in 2012. Refurbished into a Nordic standard, the interior is more after the hearts of hipsters than it was, with monochrome exquisite photographs on the walls taking pride of place. Embracing the culinary philosophy of "simple renditions, quality ingredients, and great flavors", Scarpetta strives to bring Shanghai's pizza experience up a notch, with twelve regular menu items, both traditional and iconoclastic, and made-in-house pizza dough soaked with ingredient goodness that is "crispy, flaky and puffy". Better still, six spaghetti choices here are as authentic and stomach-warming as the pizza. No wonder Scarpetta with attention to detail and a homelike vibe has built such a robust regular customer base in hyper-competitive Shanghai.

Recommended Dishes

Vongole Pizza
Truffle Pizza
Bone Marrow, Orecchiett
Wagyu Beef Carpaccio

 **021-33768223**

No.33, Mengzi Road, Huangpu District, Shanghai

17:30—22:00

300 RMB/person

Solo Enoteca & Ristorant 

Italian

Although Shanghai born-and-bred, Chef Leo spent years with maestros of Italian cuisine in both Japan and Italy, lending Solo an eclectic take on Italian, Japanese and Chinese cuisine. With its sui generis menu, and fantastic list of niche fine wines, this long-running restaurant on Hengshan Road cannot be missed. Extended over a red three-storey house, the black-and-white interior features walls adorned with European-style graffiti, and views of pretty streets outside. The restaurant's mainstay is traditional Italian dishes, naturally seasoned with tomatoes, olive oil, rose salt, etc. Revolving around ingredients like imported beef, fresh fish and vegetables, other dishes are prepared with an eclectic take on Chinese cuisine that differentiates its offerings from other restaurants'. Charcoal Grilled Thick Ox Tongue, for example, is crispy outside, tender inside, and perfect with black garlic sauce. With limited daily supply, reservation is highly recommended. On the "secret menu", the signature dish—Mixed Noodles with Scallion Oil and Soy Sauce—is complimentary with reservations. Midnight snacks here are available from 21:30.

Recommended Dishes

Solo Special Foie Gras
Steak Tartare with Black Olive and Avocado
Ox Tripe Stew in Cuttlefish Ink with Abalone
Sicilian Style Fish in "Crazy Water"

 **021-64330779**

No.237, Hengshan Road, Xuhui District, Shanghai

Monday—Friday 17:30—00:00
Saturday—Sunday 11:30—00:00

200 RMB/person

Chanyi•Jingguantang 

Cantonese

Chanyi•Jingguantang, tucked away in an underground building downtown, is like a recluse that hoards a treasury. It's a complex structure, featuring an artistic vibe inspired by Zen-like elegance. Ostensibly free from any worldly desires, it's still quite inclusive, with heirlooms from different periods, like couplets, paintings, windows, beams, woodcarvings, and jade pieces. Specializing in Cantonese cuisine, this restaurant advocates a healthy dietary regime characterized by the strictest standards for the freshest ingredients sourced from the organic farm Shangshanyuan and the absence of MSG. Traditional classics like abalone, sea cucumber, fish maw, and abalone sauce are all its chef's fortes. Remarkably, cooking the abalone sauce involves stewing a soup with the most premium of chicken, pork bones, trotters, and many kinds of seafood for eight hours to reduce it to its clear perfection, making it a top soup base for stewing abalone or lo mein. Moreover, its chef also uses international culinary skills or sauces to add flavors.

Recommended Dishes

Sashimi
Steamed Lobster with Truffle
Foie Gras Rolls with Abalone Sauce
Pan-fried Miniatus Grouper

021-52530303

 97 Changshou Road, Jing'an District, Shanghai

11:00—14:00, 17:00—22:00

600 RMB/person

Kohane

Japanese

Kohane was opened in Shanghai 11 years ago by Founder-Chef Hotchi, who remains this Kaiseki-style eatery's heart and soul. Native of Kumamoto Prefecture, Kyushu, Hotchi was a private chef at the Korean Embassy in Tokyo, where he gained insight into the essence of Kaiseki and later blended Shanghai elements into this formal, traditional cuisine. Featuring simple decoration, this restaurant offers monthly changing menus: Sea Bream in spring, Sweetfish in summer, local Hairy Crab in autumn and Ankimo in winter... all are must-tries, and, like other Kohane's dishes, come beautifully arranged and garnished with leaves that vividly display the changing seasons. In a typical Kaiseki cuisine, dining starts with bowls of Hassun and Kuai, before Yakimono, Nimono, Su-zakana and Gohan—a mixed-rice dish with seasonal ingredients or a noodle broth, to which Hotchi matches sushi options in deference to his diners' tastes. Plus being a long-term Shanghai resident, he knows the market very well, helping him create an atmosphere of home-from-home.

Recommended Dishes

Hassun
Steamed Kinmedai with Tofu and Mushroom
Wagyu Beef
Mukōzuke

 **021-60402969**

55 Shangfang Garden, 1285 Middle Huaihai Road, Xuhui District, Shanghai

18:00—22:30

1080 RMB/person

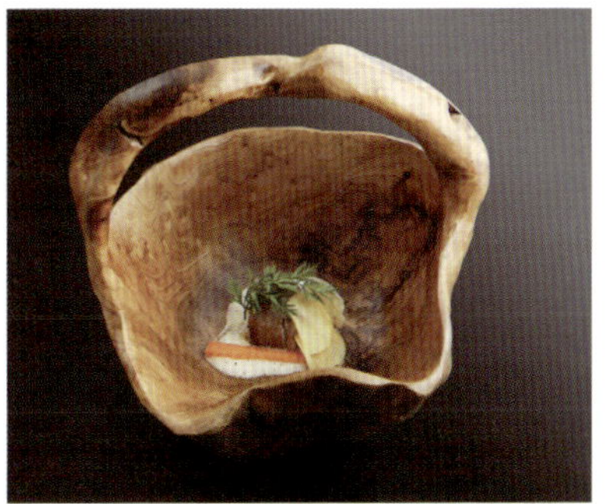

Wujie(Shanghai Xujiahui Park)

Vegetarian

Wujie Shanghai Xujiahui Park is an avant-garde, innovative vegetarian restaurant. Themed along fusion cuisine lines, this restaurant perfectly combines traditional vegetarian classics with modern culinary skills, offering dishes with names as beautiful as their renditions, to strike a chord with its diners.

Despite having been in business for nearly seven years in this location opposite pretty Xujiahui Park, Wujie still scores high in the fashion stakes. Stretched out across five floors, it offers a roomy, elegantly-furnished space, with clean lines, burl wood tables and chairs, raw stone flooring, floor-to-ceiling windows, and bountiful natural light. Window seating on the second floor is especially sought-after, and waiters as genteel as this elegant restaurant's atmosphere are only too happy to provide chapter-and-verse on dishes during servings. Providing a playful dining experience in a cozy environment has kept Wujie a favorite haunt for Shanghai foodies.

Recommended Dishes

Golden Oyster Mushrooms & King Oyster Mushrooms with Peanut Chili Sauce

Stir-fried Sweet Peas, Gorgon Fruit and Silverweed Tubers

All Natural Vegetable Colored Rainbow Cake

Lentillifera Seaweed with Vinaigrette Dressing

 **021-34690831/ 021-34692857**

392 Tianping Road, Xuhui District, Shanghai

11:00—14:00, 17:00—21:00

229 RMB/person

Spotlight

Co-founded by Song Yuanbo in 2011, Wujie has ever been Shanghai's priciest vegetarian restaurant. With 18 years serving vegetarian cuisine under his belt, Mr. Song is firmly committed to vegetarianism, continually reinvigorating its ingredients by adding novel aesthetic twists while demanding exacting standards of culinary integrity, craftsmanship, management, and artistry from his chefs. "Creating dishes is like painting, but with ingredients, implements, and porcelain playing the roles of oils, brushes and canvas. The results, like paintings, epitomize one's personality." Wujie advocates a seasonal dietary regime traditional in China, its Ipad-delivered menu emphasizing green vegetables in spring, red in summer, white in autumn, and black vegetables in winter to tonify the kidneys. Dedicated to fusion cuisine, it strives to blend global flavors under one roof, producing an innovative, inclusive but eclectic take on vegetarian cuisine, with Indian-style Curry, Chinese-style Tofu, and Japanese-style Kelp Soup sharing the same kitchen. Its mushroom-themed menu offers juicy, delectable Chunyinao using Yunnan Jizong mushrooms stir-fried with cucumber seeds, Braised Purple Eggplant with Truffles, Garlic Cauliflower Fungus, and Deep-fried Broad Beans, for an edible assortment as diverse in flavor and as it is in texture. In addition to seasonal dishes, classics can also be found here. Slow-Cooked Fujian-style Soup with Eighteen Exotic Ingredients—a thick, mellow, delicious pumpkin soup fortified with slow-cooked mushrooms—provides a must-order example.

PHÉNIX Eatery & Bar 

French Contemporary

PHÉNIX Eatery & Bar's location, on the second floor of The PuLi Hotel and Spa overlooks Jing'an Park, shielding the eatery from urban noise. Geometrical lines, modern moody lighting, metal and burled wood elements, and floor-to-ceiling windows give the space an intimate vibe. Headed up by Michael Wilson, a thirty-something Australian, whose great culinary skills and imagination give the bistro a unique take on modern French cuisine, it offers both calorie-dense foods and lighter repasts, striving to be a perfect fusion of eye-catching renditions and mouth-watering tastes. That translates into dishes like crispy, tender, juicy Whole Duck Neck Sausage—made by pounding duck meat and liver into paste, mixing this with diced liver, stuffing into duck skin and roasting to a turn—and beautifully-plated Deep-fried Frog Legs in Black Garlic Sauce with Salsa Verde—at once crumbly and melting in the mouth. An impressive range of sweet treats and French brews are also on offer.

Recommended Dishes

Confit Suckling Pig
Côte de Boeuf 1 kg
Pâté en Croûte
Seared Foie Gras

 **021-22166988**

No.1, Changde Road, Jing'an District, Shanghai

Breakfast 06:30—10:30
Monday—Friday 12:00—22:00
Weekends 11:30—22:00
Bar 17:00—23:00

631 RMB/person

Fu 1088 

Shanghainese

Fu 1088 is a gourmands' delight hidden in a western-style building on Shanghai's Zhenning Road. Two adjacent century-old three-storey houses have been combined to provide the restaurant's venue. Devoid of a public dining room, Fu 1088's three floors are chock full of private rooms. Deep-shaded antiques amassed by the owner, exquisitely carved handrails, and Art Deco velvet seating combine to conjure up scenes of wealthy families in old Shanghai's 1920-30s heyday. With Tony Lu, a Shanghai native, as Executive Chef, Fu 1088 offers a full range of classic Shanghai dishes, often with centuries-old heritage, like Braised Shark's Fin with Shredded Chicken, Shredded Abalone, Shredded Carrot in Golden Cream Soup, Home-made Smoked Fish—a recipe passed down from the owner's grandmother—and Traditional Shanghai Raisin Ice Cream. Alongside these, Fu 1088 gives some specialties catering to Shanghainese taste buds, like Toasted Cod with Green Onion and Hairy Crab Meat Sauce on Toast.

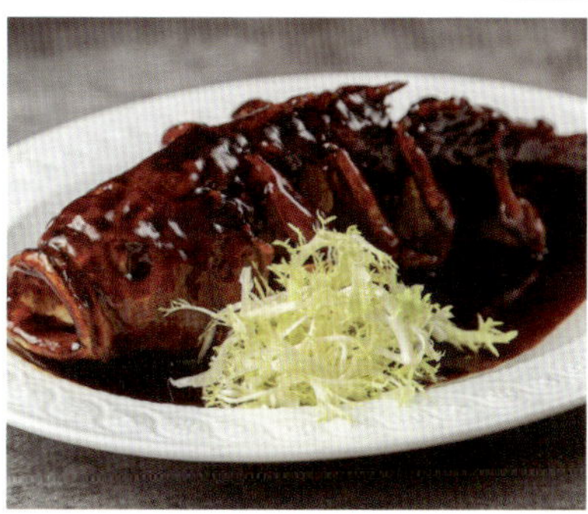

Recommended Dishes

Caviar and Smoked Soft-boiled Egg

Braised Shark's Fin with Shredded Chicken, Shredded Abalone, Shredded Carrot in Golden Cream Soup

Chilled Drunken Chicken Topped with Rice Wine Shaved Ice

Wild Yellow Croaker(Fried with Sweet Sour Sauce)

 **021-52397878**

No.375 Zhenning Road, Changning District, Shanghai

11:00—04:00, 17:15—23:00

800 RMB/person

Forfun Aquatic Development 

Seafood

Forfun provides delicacies from around the world, including quality seafood, selected beef, exquisite Cantonese cuisine, and seafood hot pot. Combining traditional and innovative cooking methods, chefs emphasize the color, smell, flavor, appearance, and the container of each dish, presenting guests with ultimate pleasure for all five senses. Nowadays, people spend 1/8 of their time on eating. In Forfun, the team believes "For Fun" is the essence, and aims to provide happy, pleasant and enjoyable dining experience. One of the highlights is the KTV facilities in each dining room, allowing guests to sing at their family gatherings, business dinners, and parties with friends.

In the eye-catching displaying area, guests can see giant Australian king crabs, white crystal crabs, long-legged spider crabs, and lobsters from Atlantic Ocean weighing more than 5kg... All of them are remarkably big, living in layered water tanks, and would be served directly to the table at guests' requests.

Recommended Dishes

Australia Crystal Crab
Blue Fin Tuna
New Zealand Black Gold Paua
Imperial Iranian Beluga

 **021-52377777**

No.2, Lane 688, West Yan'an Road, Changning District, Shanghai

11:00—14:00, 17:00—23:00

1000 RMB/person

JiYue Catering (Jinjiang Food Plaza) 

Hot Pot

"Good wine has no fear of a deep cellar" is a maxim that perfectly describes JiYue Catering, in Jinjiang Food Plaza. Established in 2013, JiYue has developed into one of Shanghai's most popular Hong Kong hot-pot marques. Decked out in wood and stone, the restaurant's seating extends over two floors: seven ground-floor Japanese-style tatami dining rooms greet guests with Zen simplicity, while the second-floor Chinese-style dining space, punctuated with living stones, is impressive and vibrant. Focused on sea food, JiYue serves fresh Thai Tiger Prawns, live Alaskan King Crabs, and huge fresh Australian Abalone, cooked either in Kelp broth, or according to the Chefs' innovative Cantonese recipes. In addition, there's ribeye steak, from Dalian born-and-bred Japanese Wagyu cattle, juicy, tender and ready to eat after just few seconds on the grill. JiYue's guests enjoy personalized, attentive service in an intimate and elegant atmosphere, making it the ultimate choice for anniversaries and other celebrations.

Recommended Dishes

Alaska King Crab
Gillardeau Oysters
Ornate Spiny Lobster
Ribeye Steak

021-54667966

JInjiang Food Street, 59 South Maoming Road, Huangpu District, Shanghai

11:00—22:00

680 RMB/person

Exquisite Bocuse (Plaza 66) 

Fusion

The Plaza 66 branch of Exquisite Bocuse is the chain's fifth in Shanghai. Entering from the fourth and or fifth floor, diners are greeted by a row of tranquil and mysterious arched doors creating a churchlike atmosphere. In the spacious lobby, a black, white and gold spiral staircase connects the two floors, conveying the calm elegance peculiar to Chinese architecture, and providing a vista of the Koi pool below. Downstairs accommodates the public dining room, while upstairs is dedicated to private rooms equipped with fine Singaporean "Luzerne" tableware. In addition to Cantonese dishes, Exquisite Bocuse also offers Jiangnan (Jiangsu-Zhejiang) food, like traditional Coral Trout, Liao Sea Cucumber and creative Mapo Tofu Lobster. Particular about ingredient selection, the restaurant has its own 20-hectare ecological farm, from which it sources free-range chicken for its Chicken Soup and White Sliced Chicken, featuring fantastic springiness and tenderness. Meanwhile, its classic Red Braised Pork Belly perfectly combines home-reared pork with homemade Jiangnan-style soy sauce.

Recommended Dishes

Stewed Coral Trout with Ginseng Root
Jingcai Crispy Roast Suckling Pig
Mapo Tofu Lobster
Double-Boiled Liao Sea Cucumber Pot

021-62412779/021-62457739

 4/F-5/F, Plaza 66, No.1266, Nanjing West Road, Huangpu District, Shanghai

11:00—14:00, 17:00—21:30

500 RMB/person

Kanpai Classic

Japanese

Shanghai' first Taiwanese carbonado operation Kanpai Classic has been in demand since its opening in 2015. Near the doorway is an open aging room where over fourteen kinds of M8-M9 wagyu beef are aged by a specialized team. Yitoushao is a mainstay here, featuring the wagyu beef combo with 450-day-old whole wagyu flown in daily from Australia. Remarkably, the ribeye and sirloin steaks can be freshly doled out according to diners' requests, and well-trained waiters here can roast them to a crispy and tender perfection. That means these unbeatably juicy and tender slices can be eaten simply with only a pinch of sea salt, especially the heavenly tender morsels of "gourmand meat" on the outer ring. The expressive wine list here is another big draw, offering sake locally sourced from Masuizumi of Japan's Toyama. Full-bodied with flower and fruit fragrance, it is no doubt a nice complement to meat.

Recommended Dishes

Australian Wagyu Beef Carpacci
Daily Limited Australian Wagyu Beef Combo
Australian Wagyu Beef With Sea Urchin Roll Sushi
Chicken Kamameshi

 **021-63400767**

F5, No.20, Guangdong Road, Huangpu District, Shanghai (The Bund 5)

11:30—14:30 (Ordering before 14:30)
17:00—00:00 (Ordering before 23:00)

750 RMB/person

Lei Garden(IAPM)

Cantonese

The "West Point" of Cantonese cuisine, Lei Garden is extraordinary. A Hong Kong marque dating back to the 80s, this restaurant has not only instilled numerous rising Master Chefs with the quintessence of Cantonese cuisine, but also showcased this to countless diners, in a restaurant that its founder Chen Shujie has preserved with professional dedication that has never wavered over the decades. His greatest achievement has not been the proliferation of branches, but ceaseless progress in blending Chinese flavors with Western appearances. Cheese Baked Salt Lobster, Tofu Steamed Grouper Fillet in XO Sauce and Fried Mantis Shrimp Balls on Lettuce; all dishes that have gone through many improvements to reach their current perfection. Although Cantonese restaurants are now increasing in number, Lei Garden still offers dinners fresh fish, crispy meats, delicious soups, satisfying desserts and fresh vegetables, and launches innovative dishes in every season. For its persistence in releasing wonderful new dishes alone, Lei Garden deserves the adjective "miraculous".

Recommended Dishes

Roasted Marbled Pork

Pan-fried Prawns

Braised Bird's Nest with Crab and Chicken

Baked King Crabs in Salt and Oil

 **021-54252283**

401, 4/F, iapm, 999 Middle Huaihai Road, Xuhui District, Shanghai

11:30—15:00, 17:30—22:30

500 RMB/person

Shanghai Restaurant of Central Hotel Shanghai 

Shanghainese

The Shanghai Restaurant of Central Hotel Shanghai was established during the reign of the Qianlong Emperor of the Qing Dynasty by a Shaoxing wine dealer, and has managed to carve out a reputation by virtue of franchises on Yangcheng Lake hairy crabs andShaoxing yellow wine. Years on, crabs and yellow wine have held an important position in Shanghainese culinary culture, which is also an indicator of this restaurant's strong vitality. Steppingonto the second floor of the Central Hotel Shanghai, you can see diners of different ages with their families. Come in autumn and winter when hairy crabs reach their best. Crustaceans are very sought-after with authentic, light, and classic flavors. The regular menu at the restaurant are more Shanghainese family style, and there are also popular Jiang-Zhe, Sichuanese, and Cantonese dishes, as well as trendy foreign dishes. In addition, seasonal dishes are another favorite of local diners.

Recommended Dishes

Crab Meat and Orange Soup
Plain Sautéed Crab Meat
Bean Curd with Crab Meat
Crab Meat and Pork Balls

 **021-53965000 ext. 80209**

No.555, Jiujiang Road, Huangpu District, Shanghai

11:30—14:00, 17:30—22:00

300 RMB/person

Hotpot Upstair (Maoming Road)

Hot Pot

Since opening in late 2016, Hotpot Upstair has leaded the "immersion" experience trend on Shanghai's Hong Kong-style hot pot scene. To eat there is like being transported into a hot pot restaurant on Causeway Bay: white-on-red handwritten menus, 1990s and 2000s Cantopop hits and TVB programs—the restaurant evokes memories of past times in Hong Kong. For first timers, I recommend the "special dishes": Deep-fried Frog Legs with Salt and Pepper, Stewed Chicken Feet with Galangal, Stir-fried Pork Blood and Skin with Leek—all Hong Kong classics, and rare in Shanghai. Double-Boiled Free-Range Chicken Soup with Fish Maw is the signature soup base, a golden collagen-rich liquid that coats your lips. As for meat and vegetables, in addition to a selection of beef and live seafood, don't miss the Hong Kong-style choices: fish maw, Hong Kong-style Grass Carp Belly, Scallop and Watercress Dumplings. You'll understand why some Hong Kong and Macao diners are prepared to fly over, just for a taste.

Recommended Dishes

Stir-fried Chicken Giblets

Deep-fried Frog Legs with Salt and Pepper

Double Boiled Free-Range Chicken Soup with Fish Maw

Snowflake beef

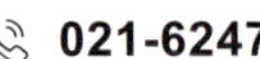

021-62470007

2/F, 46 South Maoming Road, Huangpu District, Shanghai

11:00—04:00

500 RMB/person

Spotlight

Hotpot Upstair, as the name suggests, is hidden on the second floor of 46 South Maoming Road, and tricky to find. Upstairs, the first things that catch your eye are a retro "Upstair" plaque, and a few nostalgic Hong Kong-style slogans. Hotpot Upstair is an authentic Hong Kong-style hot pot restaurant, with thick soup base, delicious meat, live seafood, fresh seasonal vegetables and side dishes constantly on offer. The restaurant is well air-conditioned, and seated comfortably—just like in Hong Kong. Entering the restaurant, the immersion experience gets stronger: meat, seafood, drinks and deserts are labeled Hong Kong-style: "Min Kee Meat Supply", "Fa Kee Seafood", "Victoria Park", "Wong Kee Tong Sui", making you feel transported into a hot pot restaurant on Causeway Bay. This nostalgic feel extends to the menu, which features a range of classic Hong Kong dishes rarely seen in Shanghai: Fried Sweetcorn, Deep-fried Frog Legs with Salt and Pepper, Stewed Chicken Feet with Galangal, Stir-fried Pork Blood and Skin with Leek—all delicious and attractive. Since its opening, Double-Boiled Free-Range Chicken Soup with Fish Maw has been its signature soup base, made with 8—10 month-old Guangdong capons stewed for 4 hours, their meat cut just before serving with added fish maw, the collagen in the pot visibly changing as the soup comes to a boil. For most of the day, Hotpot Upstair presents a crowded scene. Fortunately the restaurant is open until 4 AM, so you can try your luck at midnight, if there are no reservations during busier hours.

Sushi Naramoto 

Japanese

Established in 2010 by Japanese Sushi Master Kenji Naramoto, Sushi Naramoto is an upscale sushi bar, and was the first omakase (menu-free) style sushi restaurant in Shanghai, initiating the omakase trend. Located in a restored 130-year-old villa concealed on Yongjia Road, Sushi Naramoto offers 30 seats divided into 3 private dining rooms. With its Meiji Restoration styling, the restaurant, largely decorated in wood and stone, greets guests with a simple, restrained and spacious environment, for a calm and inviting dining atmosphere. Current Head Chef Wang Lei, personally mentored by Kenji Naramoto, is an Edomae Sushi Master. Every evening, Mr. Wang calmly leads his team of six in the preparation of seasonal sakizuke appetizers, sashimi, grilled and stewed dishes, wines, sushi, and dessert. Another of Sushi Naramoto's unique highlights: while the Chefs prepare their delicacies, they chat with their guests in Japanese.

Recommended Dishes

Sashimi platter
Japanese beef sea urchin caviar sushi
Fire tuna big fat sushi
Conger Eel Sushi

021-54665708

 557, Yongjia Road, Xuhui District, Shanghai

18:00—22:30 (Closed on Sunday)

1280 RMB/person

Spotlight

Sushi Naramoto is named after its founder, Mr. Kenji Naramoto, whose upscale highly-rated sushi bar was originally located in Ginza, Tokyo. Thanks to its founder's professionalism, Sushi Naramoto has quickly become popular in Shanghai. The restaurant's current Head Chef, Wang Lei, was personally mentored by Mr. Naramoto for eight years. A sushi-making expert, he is skilled in turning vinegared rice and fish into delicacies in short order. Omakase (menu-free) dining poses great challenge to Chefs, requiring them to be attentive to the context of each meal, to guests' feelings and preferences, and to respond quickly. Arriving guests do not know what they will be served; Chefs create special dishes for them, featuring the ingredients of the day—fresh seasonal ingredients. Sushi Naramoto offers fried Conger Eel and Firefly Squid in spring, grilled Sweetfish in summer, Matsutake mushrooms and Mackerel Pike in autumn, and Hokkaido fish milt and Anglerfish liver in winter. Some signature dishes provide unforgettable experiences, like Conger Eel Sushi, made with grilled eels caught in Tokyo Bay; and for Sake Steamed Abalone, Naramoto uses either New Zealand Black Gold Abalone, or Hokkaido Black Abalone. The sushi rice ball is equally important: Mr. Wang blends three selected kinds of rice, storing the mixture in a special container to keep it at a steady 30°C after cooking. In addition, the vinegar is prepared in combination with other ingredients: Bonito Flakes, sugar, salt, soy sauce—a level of craftsmanship and ingenuity that provides guests with a whole new experience.

Spring Pujiang

Jiang-Zhe

     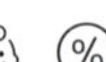

Spring Pujiang is dedicated to first-class freshwater produce from the Yangtze River, which draws together fishy delicacies—Reeves Shad, River Saury, Puffer Fish, Longsnout Catfish, bass, and eel—as it passes through the Yangtze River Delta, and the spectacular scenery of Jiangyin and Nantong, on its way into the East China Sea. At Spring Pujiang, Master Chefs of Zhejiang Cuisine present diners with the true flavor of the Yangtze River, employing a battery of techniques including "white roasting", roasting, steaming, and marinading. In early April, the restaurant offers River Saury, and wine-steamed silver-scaled Shishamo, spring's finest flavors. In summer, copper-scaled Reeves Shad's tender but strongly-scented flesh, steamed in wine, graces diners' lates. In autumn, when their meat is tenderest, River Crabs provide the treat. Spring Pujiang also offers a commodious environment, and a location—by Shiliupu Dock, former merchant shipping hub—in which guests enjoy not only delicacies, but also views of the ever flowing river, in a unique atmosphere.

Recommended Dishes

Sliced Boiled Bath Chap

Fried Wild Shrimp with green onion

Steamed Reeves Shad with Chinese Wine

Sizzling Clams

 **021-63237999**

3/F, 601 Waima Road, Huangpu District, Shanghai

11:00—15:00, 17:00—22:00

1000 RMB/person

Kokorowa

Japanese

Founded in Tianjin seven years ago, Kokorowa has extended its reach to Beijing, and now it has been well established in The Bund with opening less than a year. With simple cypress tree-themed decoration: a shared ten-seat bar and a private room with six-seat bar, this restaurant only offers omakase menu in the evenings. Proprietary supply channels bring diners precious, fresh, quality ingredients almost daily, including Kochi Jack Mackerel, Hokkaido Arctic Surf Clams, Ōma-machi tuna, Yamaguchi Tiger Puffer Fish, and Hiroshima wild oyster and sea urchin. Along with Tamagoyaki egg rolls that as tasty as cakes, fresh fruit platters bring gala meals to their fitting conclusion. 43-year-old Tokyo native Chef Kawagoe has over 20 years of sushi-making experience. He obtained the sought-after certificate allowing him to prepare potentially-lethal Puffer Fish at age of only 23. This mild-mannered master takes pleasure in chatting with diners in simple Chinese, alongside his two easy-going Chinese sous chefs.

Recommended Dishes

Hokkaido Scallop Sushi
Toyama Bay White Shrimp Sushi
Fatty Tuna Sushi
Star Eel Sushi

 **17717886076**

Room 507, No.22, Zhongshan East 2nd Road, Huangpu District, Shanghai

17:00—22:00

1800 RMB/person

SUSHI YANG

Japanese

Despite having been open for less than a year, Shanghai-based SUSHI YANG has become synonymous with sushi for the tech-savvy set. Hidden in a residential neighborhood, the eatery comprises a seven-seat sushi bar and an eight-seat private room. The decor has little to recommend it: diners come solely for the sushi. Proprietor/Chef Liu Yang, born and bred in China's chilly Northeast, honed his sushi-crafting skills over years toiling for Japanese sushi maestros. Inspired by traditional Keihan sushi culture, Liu's culinary art depends on intuition, without any flashy handiwork. Remarkably, umai meat, dry-aged to perfection, is the calling card here. When aging umai, Chef Liu judges how much salt to add, and how long to continue the curing process based on the fat distribution in the meat, producing umai that's aged just-right, and melts in the mouth for an unbeatable bite. SUSHI YANG's Tamagoyaki—Japanese Rolled Omelette—is another must-eat, featuring a unique Spanish twist on this baked egg dessert recipe.

Recommended Dishes

Sea Urchin Sushi
Edomae Tamagoyaki
Fatty Toro Tuna Sushi
Cured Mackerel Sushi

021-32125025

Room102, Building C, New Century Plaza, No.48, Xingyi Road, Changning District, Shanghai

Tuesday—Sunday 17:00—22:00
(Closed on Monday)

1102 RMB/person

Sushi Naoki

Japanese

Open now for four years, Sushi Naoki is dedicated to upscale omakase (menu-free) sushi. With a reputation spread by word-of-mouth, its Chefs improvise artfully-balanced meals, featuring fresh fish, raw in the form of Edomae sushi, or roasted, fried, or steamed into customized courses. With 12 stools at the counter, four differently-sized tatami rooms are available for private dining. Taiwanese-born long-time Japan-dweller Chef Kevin graduated from the reputed Hattori Nutrition College. With 18 years' sushi-making experience, he sets exacting standards for the harmonious combination of ingredients and flavors.

Most of Sushi Naoki's fish is shipped directly from Japan on the day it was caught. Before serving, it is stored at a steady 3°C in a cypress wood cooler—probably the only traditional Japanese fish cooler in China. These electricity-free coolers maintain the moisture levels of the fish, keeping this key ingredient in perfect condition. Meanwhile, traditional vinegar, direct from Tokyo, tints sushi and rice balls an exquisite shade of light pink.

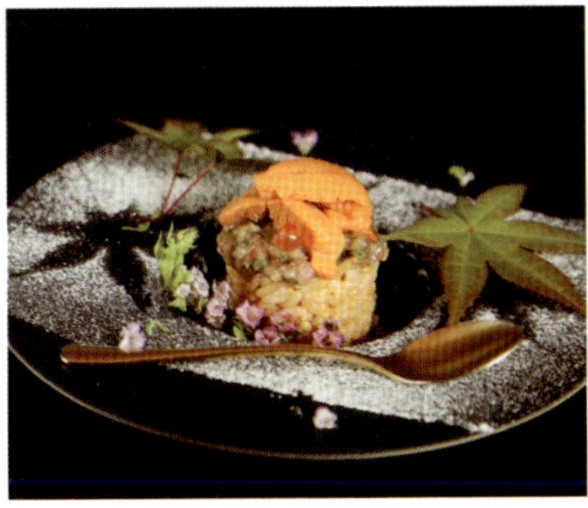

Recommended Dishes

Rosy Seabass and Wagyu Beef with Japanese Pepper
Splendid Alfonsino Nigiri
Auction Level Hokaido Sea Urchin
Sea Urchin Chirashi with Salmon Roe

 **021-54730595**

1/F, Building 4, 1838 Gubei Road, Minhang District, Shanghai

18:00—23:00 (Closed on Sunday)

1700 RMB/person

Ruth's Chris Steak House 

Steakhouse

Founded in New Orleans 53 years ago, the Bund 5 branch of Ruth's Chris Steak House is inspired by "Oriental Express", and with an interior like a jazz age New Orleans style gentlemen's club.

Ruth's Chris offers first-class aged Australian Wagyu beef—with cuts including filet mignon, New York strip, ribeye, cowboy ribeye, porterhouse steak, and tomahawk ribeye—all cooked in the trademark 982°C oven that founder Ruth Fertel helped to develop. Once seared to perfection, each steak is dressed with butter and freshly-chopped parsley, and served sizzling on a 260°C ceramic plate, presenting each diner with an authentic delicacy. Other dishes, such as Sizzlin' Blue Crab Cakes, Caramelized Banana Cream Pie and classic cocktails, are all worthy exemplars of American cuisine.

Recommended Dishes

Ribeye
Barbecued Shrimp
Sizzlin' Blue Crab Cakes
Cheesecake

021-60714567

Room 02, 4/F East, 20 Guangdong Road, Bund 5, Huangpu District, Shanghai

11:30—15:00, 17:30—23:00

950 RMB/person

Ruihua Villa 

Cantonese

Located on the bank of Suzhou River, the hundred year-old Ruihua Villa combines both Chinese and Western architectural styles.

Entering Ruihua Villa, its architecture, greenery and tranquility leave a strong impression, along with the exquisite craftsmanship that lends the building an artistic atmosphere. On the full-size mahogany stage that forms the centerpiece of the restaurant's ground floor dining room, one can often see an old Shanghai-style jazz band playing.

The culinary team is headed by "Chef Li", a man who refuses to cut corners, insisting on purity and perfection, and single-minded pursuit of culinary goals through belief, attitude and quality. The team's reputation rests on its ability to create true delicacies for gourmands' appreciation. "Time records only the finest, art acknowledges only the best" is Chef Li's motto, while committed to ensuring that Ruihua Villa provides a gathering place of unforgettable elegance, he blends modern fine dining with traditional history and culture, offering guests a refined and tasteful culinary experience.

Recommended Dishes

Roasted Marbled Pork
Dry-Braised Prawn with Spinach Noodles
One Sea Cucumber and One Abalone in secret recipe sauce
Fish Maw & Hairy-Crab Meat Roe Thick Soup

021-62577777 / 021-62177777

No.66, Lane 1555, North Kaixuan Road, inside of Regal Mansion, Putuo District, Shanghai

11:30—21:00

1000 RMB/person

Sushitaro•Ten 

Japanese

Sushitaro•Ten is an Edomae sushi restaurant opened by a Japanese sushi maestro in Shanghai in 2016, with its commitment to honoring Japanese sushi traditions at both its ingredients and chef. Originating from hand-shaped sushi around Japan's Gulf of Tonkin during the Edo period, Edomae sushi is known for freshest seasonal ingredients and diverse cooking skills such as grilling, marinading, and aging. It is also known for its simple but standard seasoning sauce that are directly brushed on top of the sushi, including soy sauce, mashed ginger, sea salt, and lime juice. At Sushitaro•Ten, guests can expect unbeatable hand-shaped sushi crafted to order with best parts of sea catches flown in daily, thanks to its chef's masterly knife skills and diverse renditions. Bar seats will allow guests to watch chefs crafting these delicacies, and the set menu provides with about ten sushi pieces. Plus the restaurant also offers interesting appetizers, and a comprehensive sake list, Sushitaro•Ten is the perfect spot for an authentic Japanese experience.

Recommended Dishes

Ehime Tuna
HokkaidoAlfonsino
Toyama White Shrimp
Nagasaki Cyprinodont Fish

021-64737017/ 13636594917

No.466, Jianguo West Road, Xuhui District, Shanghai

11:30—14:30, 18:00—23:00

1500 RMB/person

Jade Mansion

Huaiyang and Sichuanese

Marrying Jiang-Zhe and Shanghainese cuisines with modern elements is a perennial focus of Jade Garden since its opening nearly twenty years ago. Staffed by Shanghai born-and-bred line cooks, it has kept rolling out trendy dishes, resulting in its long-lasting popularity among three generations of Shanghai locals. As an upscale brand to the name of Jade Garden, Jade Mansion features a mix of traditional essence and modern innovation and has become one of representatives of modern Shanghainese cuisine. Situated in Shanghai IFC, this restaurant has an airy and exquisitely-furnished space with private rooms suitable for high-end business dinners. The menu here is truly massive, offering Huiyang-style, Ningbo-style and Shanghainese-style classics, with its improved version of Huiyang-style Braised Big Fish Head. Plus global fusion dishes can also be had here, like the ever-popular Foie Gras Wrapped by Lettuce with Black Truffle and Flatfish with Scallion.

Recommended Dishes

Quick-fried Sliced Prawn with Scallion
Braised Rice with Abalone and Preserved Vegetable
Braised Big Fish Head, Huaiyang Style
Smoked Sliced Yellow Croaker

021-50127728

L4-13, F4, Shanghai IFC, No.8, Century Avenue, Pudong New Area, Shanghai

Monday—Sunday 11:00—14:30, 16:00—23:00

595 RMB/person

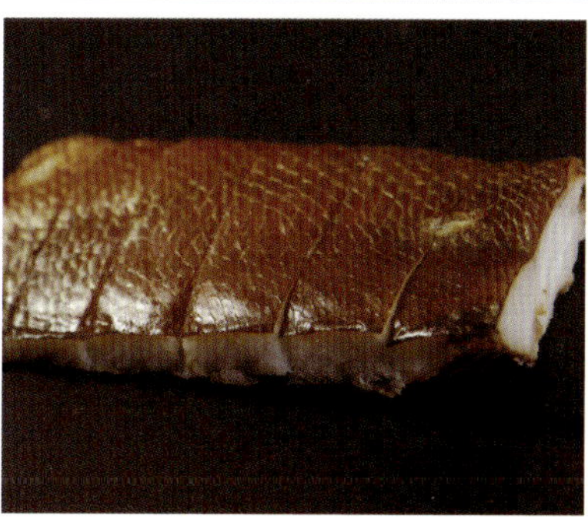

Xindalu-China Kitchen 

Jiang-Zhe

On the ground floor of Shanghai Hyatt on the Bund Hotel, Xindalu-China Kitchen specializes in Jiang-Zhe cuisine. With a signature dish of Traditional Roasted Peking Duck from the Wood-fired Oven, it has become the greatest favorite of many gourmands. Thanks to innovative quirks, assertive dishes, and clever, precise stimulation of palates, this eatery scores high in the popularity stakes.

Although not large, the dining space provides both public tables and semi-private booths. Lighting of varied intensity and an elegant, warm palette create a homey feel. Four open kitchens, with shelves of white clay soup pots, and under-counter spaces filled with brown earthenware jars typical of traditional Chinese kitchens, take pride of place, while a huge seven-ton brick oven for roasting duck nestles unobtrusively at one side.

Although the menu here might seem deceptively unsophisticated, it lists dishes that reliably send diners' taste buds into raptures, thanks to this excellent restaurant's meticulous devotion to selection, quality and preparation of ingredients.

Recommended Dishes

Traditional roasted Peking duck from the wood-fired oven

"Kun Pao" prawn, asparagus, green pepper

Pyramid braised pork, bamboo shoot, pumpkin pancake

Sizzling cod, green onion, sweet & sour sauce

021-63931234 ext. 6318

1/F, 199 Huangpu Road, Hyatt on the Bund, Hongkou District, Shanghai

11:30—14:30, 17:30—22:30

500 RMB/person

Spotlight

Behind every successful restaurant is a Chef worthy of respect, and Xindalu-China Kitchen's Chef Du Caiqing is no exception. Still youthful in appearance, Chef Du was less than 30 years old when he was recruited by Shanghai Hyatt on the Bund, and is already one of Shanghai's leading celebrity chefs, in an eatery that has positioned itself as "authentic, classic Chinese cuisine" since opening. While offering dishes a la carte, alongside more traditional classics, Chef Du also creates four seasonal menus each year, showcasing the freshest produce available. Take Traditional Roasted Peking Duck from the Wood-fired Oven: with each taking 70 minutes to roast over a fruit-wood fire, only 48 birds can be offered daily, making reservation a necessity. The sauce, made by steaming high-grade Shaoxing wine and honey together, is tailored to Jiangsu and Zhejiang locals' palates. Pyramid Braised Pork, with its four-hour cooking time, is another reservation-only dish. Preparation involves slicing a 15 centimeter cubed streaky hunk into strips, stacking them in a cone, and stuffing with dried bamboo shoots, Cha Shu Mushrooms and Chinese chestnuts, before stewing to a turn. With a side pumpkin pancake, it's juicy, savory, and satisfying, but not oily in the least. Chef Du's seasonal menus are just as good as the a la carte, thanks to his great imagination and consummate ingredient-related expertise. Take Braised Bamboo Shoots for example. To this super-traditional dish, Chef Du adds tender peas and shrimp roe, producing a cleaner-tasting variant. Meanwhile, he reinvigorates simple Chinese Toon Tofu with pork floss and crab meat, for a unique multi flavored rendition.

Hotpot Sun(Xintiandi)

Hot Pot

With two branches to its name, Hotpot Sun was one of the founders of Shanghai's upscale hotpot scene. Situated in a detached house shielded from city noise, the Xintiandi branch provides an exquisite dining environment reminiscent of 1930s Shanghai, with carefully-placed artworks providing a spacious feel. The public dining area downstairs is pleasantly lively; upstairs, ten private rooms, arrayed around a high atrium and sizable wine cabinet, offer privacy-conscious guests excellent accommodation. Seafood and beef are Hotpot Sun's hallmarks, and the dining experience usually starts with the arrival of a hotpot of warming, fragrant, rich Matsutake Soup, concealing a few slices of tender marbled Wagyu Beef and Japanese Tiger Prawns, so fresh their wriggling has scarcely stopped. Next comes a bowl of Bacon Claypot Rice, before tender, mellow Shunde Blancmange to round off the meal. With attentive, friendly service, Hotpot Sun's unbeatable dining experience makes it a great spot for gatherings of friends and business associates alike.

Recommended Dishes

Premium Wagyu Beef
Stir-fried Rice Cake with Wagyu Beef
Sliced Sea Snails
Chicken Soup with Chinese Rice Wine

 **021-63338778**

376 South Huangpi Road, Huangpu District, Shanghai

11:00—04:00

1000 RMB/person

Imperial Treasure Fine Chinese Cuisine 

Cantonese

One of Asia's culinary highlights, Singapore boasts diverse culinary culture, reflecting its melting-pot nature, making it home to numerous celebrated chefs and restaurants. Imperial Treasure Fine Chinese Cuisine is one of these, and its Shanghai branch has done a roaring trade ever since its 2012 opening. The eatery's extensive menu features not only traditional Cantonese dishes, but also Singaporean delicacies like Fried Crab with Black Pepper, and Jiang-Zhe style offerings like Qiandao Lake Fish Head, which, with ingredients sourced locally, will be familiar to fans. Despite its upscale nature, the restaurant also offers value-for-money dim sum, and a relaxing experience suiting both seniors and kids, making it an excellent family venue. Rapid evolution and selection of fine local produce are hallmarks of Singapore gastronomy; Imperial Treasure's local-sourcing of Mud Crab and other special ingredients maintains the highest quality in flavors, while its continually updated Chinese perspective on Western ingredients provides constant stimulation to diners' palates with ever-changing, dependably excellent dishes.

Recommended Dishes

Sautéed Fresh Crab with Preserved Olives & Shallots
Steamed Custard Bun
Steamed Rice Roll With Prawn
Steamed Fresh Water Eel With Chinese Rice Wine

021-53081188

L402-403, 4/F, Yi Feng Galleria, 99, East Beijing Road, Huangpu District, Shanghai

Monday—Friday 11:00—14:30, 17:00—22:00
Weekends and holidays 11:00—15:00, 17:00—22:00

500 RMB/person

YuZhiLan 

Sichuanese

Yuzhilan, a private kitchen from Chengdu known for its hand-made "golden silk" noodles with cabbage heart, opened a Shanghai branch one year ago, providing about five private rooms with simple decor. Focused on contemporary Sichuanese spread, Yuzhilan features a tasting menu, and requires diners to book one day in advance. Chef Lan Guijun, who advocates the culinary philosophy of dishes spiced in soup, is adept at adding his own innovative Japanese twists to handpicked ingredients. That translates into the menu with over ten courses, taking diners on a supreme, carefully-paced Sichuan flavor journey with constant highlights. Tableware is another highlight in Yuzhilan, with antique plates such as Jingdezhen porcelain or Sichuan lacquerware, which are customized according to Chef Lan's design, and they are thermally useful while conveying auspicious wishes. Yuzhilan is a temperance restaurant, but its Shanghai branch breaks the tradition: it installs famous sommeliers to roll out a unique wine list, offering fizz, wine, and Kweichow Moutai to complement flavors it offers.

Recommended Dishes

Speciality of Western sichuan: hand-made "golden silk" noodles with cabbage heart(noodles made with duck egg yolks)

Soue-and-hot sea cucumber

Eel braised in a red soybean sauce with Chinese onion, ginger & garlic

The essential taste of superior abalone

19946163557/15389457263

No.851, Julu Road, Jing'an District, Shanghai

11:30—15:30, 18:00—22:30

1300 RMB/person

Spotlight

In the opinion of Chef Lan Guijun, the founder of Yuzhilan, restaurants can be divided into four categories, one of which is private kitchen. He thinks a private kitchen is where a chef spends years picking up consummate expertise on ingredients and skills and crafts a full banquet experience for diners who have a good sense of taste. Yuzhilan is exactly a case in point. Before opening this private kitchen which focused on home-style dishes featuring a Sichuanese take on flavors and cooking skills, Chef Lanhoned his craftsmanship at restaurants worldwide, which has helped shape his eclectic culinary philosophy.

Known for dishes spiced in soup and made from quality ingredients, Yuzhilan uses two thirds of its daily fresh ingredients to cook soup to spice multi-flavored, fish-flavored, or hot-and-sour dishes it offers, completely departing from modern methods of flavoring. That leads to the hand-made "golden silk" noodles with cabbage heart served in a cabbage soup that's been stewed for six hours to light gold, hauntingly sweet perfection. The hot-and-sour sea cucumber is served in clam soup that's been stewed for five hours to a fresh and delicious turn. The superior abalone features a marriage of Cantonese and Jiang-Zhe cuisine served in rich soup based in Japan's Yoshihama abalone, with free-range chicken and duck, pettitoes, lean meat, and ham that is reduced to ocher perfection to highlight abalone's mellow texture, with no further dried seafood necessary to add flavor. The mapo tofu spiced by a beef soup is stewed for four hours to a sourish turn.

Yuzhilan is dedicated to offering guests genuine flavors, both Sichuanese and globally inspired. With quality offerings served on exquisite quaint tableware, it definitely worths a visit.

ZI FU HUI

Cantonese

Situated in a white, European-style house, ZI FU HUI has made a name for itself thanks to its intimate private rooms, Cantonese-inspired freshwater seafood and menu-free, butler-like service. Belying the European-style exterior, once inside, a jumble of clean-cut straight lines and curves gives rise to a harmonious sense of order, giving the impression of standing in a secluded temple. Housing seven private rooms of various sizes—labeled in accordance with the Daoist system of five elements and eight symbols—it is headed up by Zhou Ziyang, a celebrity chef who advocates the traditional Chinese dietary regime of "keeping in season". All ingredients are originally sourced, and ZI FU HUI caters for every taste, with dishes made to order. While hyper-local Cantonese cuisine can pamper even the pickiest tastebud, for nostalgic local diners, freshwater seafood may provide a better option. Thanks to its dedicated service tailored to their culinary tastes, this restaurant is capable of stealing the hearts of its regulars.

Recommended Dishes

Deep-Fried Marbled Beef
Black Truffle River Eel and Sea Cucumber
Yangtze River Living Reeves Shad(Pan-Fried with Chicken oil)
Stewed Fish Faw with Truffle and wild Bamboo Fungus

021-33887577

Building C2, Yunfeng Villa, No.1665, Hongqiao Road, Changning District, Shanghai

10:30—14:00, 17:00—22:30

1327 RMB/person

Spotlight

Zhou Ziyang, proprietor of ZI FU HUI, is in his early 30s, soft-faced, mild-mannered. A rebellious rocker, guitarist and shutterbug in his youth, he participated in a TV food show, and his good looks and mellow voice attracted a legion of fans. Now, however, he chooses to keep a lower profile.

Zhou's nature is more that of artist than chef—so much can be seen from his good taste and attention to detail in ingredients and cuisine—giving ZI FU HUI a holistic taste for every fine dishes to its liking.

Known for a menu that changes to exploit the freshest produce available, this restaurant serves river catches like Long-tailed Anchovy and Balloonfish in March or April, when these are at their best, with dishes like Braised Wild River Eel in Brown Sauce—tender, juicy and delicious—a highly sought—after option at New Year's Eve. But even for this dish, its recipe varies, from a tender, delicious garlic-bearing rendition, to an addictive, sauce-laden eel with firm tofu. Come in autumn or winter, creamy Butter Crab, fatty Yangtze crab, rare Wild Yellow Croaker and Sweet Mung Bean Soup are all on offer.

Dedicated to every guest, its chefs' ability to remember regulars' favorites allows them to offer the trendiest variations. So, ZI FU HUI is like nothing more than a private "kitchen away from home". Remarkably, this eatery is always ready to serve, so diners finishing a drinking spree can find freshly-made dishes here, whenever hunger might strike.

Oriental House(Jing'an Kerry Centre)

Jiang-Zhe

     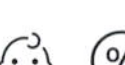

Deriving its name from Chinese prominent poet Lu You's poem, Oriental House opened by Taizhou-born Ruan Boping is known for its own globally-inspired creative twists on Chinese ingredients and flavors, making its dishes more tempting for Chinese younger generations and guests to China alike. That can translate into its proprietary specialties like Boiled Quail Eggs in Rum and Baked Preserved Vegetables and Pork with Cheese. While celebrating global culinary culture, it also recasts Chinese classics and rolls out many sought-after variants like Crispy Pork Intestine, Stew Fried Sea Anemone with Bean Noodle and Ayu Fish in Boiling Chili Oil with Bean Sprout and Bean Starch Noodle. Like its food, the interior is also tradition-breaking—with industrial elements and lighting, the space is designed to a Chinese-inspired chic bistro style. Plus its cocktail list is strikingly ingenious, with its namesake The Orient featuring a combination of Chinese and Western aromas providing an example in point.

Recommended Dishes

Crispy Pork Intestine
Stew fried sea anemone with bean noodle
Ayu fish in boiling chili oil with beansprout and bean starch noodle
Braised yellow croaker with manual rice cake

021-52715727

N3-26, F3, North Area, Jing'an Kerry Centre, No.1515, Nanjing Road West, Jing'an District, Shanghai

11:00—14:30, 17:00—23:00

228 RMB/person

黑珍珠餐厅指南

THE BLACK PEARL RESTAURANT GUIDE

Other 26 Cities

Macao	14	Paris	8
Beijing	30	Chengdu	15
Chongqing	6	Tokyo	25
Guangzhou	14	Hangzhou	15
Kunming	3	Bangkok	5
Nanjing	5	Ningbo	6
New York	10	Shantou	4
Shenzhen	7	Shunde	5
Suzhou	6	Taipei	4
Taizhou	3	Tianjing	3
Wuhan	4	Xi'an	6
Xiamen	3	Hongkong	21
Singapore	7	Yangzhou	3

Note: The city is listed in lexicographical order based on the initial letters of each transliterated Chinese character; the same city restaurant is listed by the restaurant's diamond level from high to low; and the same diamond level restaurant is listed in lexicographical order based on the initial letters of each transliterated Chinese character.

NAME	CITY	DIAMOND
Robuchon au Dôme	Macao	◆◆◆
La Chine	Macao	◆◆
The Golden Peacock	Macao	◆◆
Wing Lei Palace	Macao	◆◆
The Tasting Room	Macao	◆◆
Jade Dragon	Macao	◆◆
The 8	Macao	◆
The Kitchen	Macao	◆
Shinji by Kanesaka	Macao	◆
Golden Flower	Macao	◆
Tim's Kitchen	Macao	◆
Restaurant Tou Tou Koi	Macao	◆
HIP SENG Seafood and Hotpot Restaurant(Avenida de Almeida Ribeiro)	Macao	◆
Zi Yat Heen	Macao	◆
Le Cinq	Paris	◆◆◆
Epicure	Paris	◆◆
Guy Savoy	Paris	◆◆
JEAN-FRANÇOIS PIÈGE—le grand restaurant	Paris	◆◆
Pierre Gagnaire	Paris	◆◆
Kei	Paris	◆
Sola	Paris	◆
Tour d' Argent	Paris	◆
DaDong(Workers' Stadium)	Beijing	◆◆◆
Amico BJ	Beijing	◆◆
AZUR by Mauro Colagreco	Beijing	◆◆
LES MORILLES	Beijing	◆◆
Opera BOMBANA	Beijing	◆◆
Mio	Beijing	◆◆
Sushi Zen(Qianliang Hutong)	Beijing	◆◆

NAME	CITY	DIAMOND
XinRongJi(Financial Street)	Beijing	◆◆
1949-Duck de Chine(Jin Bao Street)	Beijing	◆
Agua Spanish Restaurant	Beijing	◆
Morton's The Steakhouse	Beijing	◆
Tavola Italian Dining	Beijing	◆
BAO House Japanese Restaurant	Beijing	◆
The Beijing Kitchen	Beijing	◆
Jia Chinese Restaurant	Beijing	◆
Cai Yi Xuan	Beijing	◆
Maison FLO	Beijing	◆
Guanyejie Macao Hotpot(China World Mall)	Beijing	◆
The Home (Beitucheng Road)	Beijing	◆
Huai Yang Fu	Beijing	◆
Seventh Son Restaurant	Beijing	◆
Lei Garden (Central International Trade Center)	Beijing	◆
Char Bar & Grill Lido	Beijing	◆
Sheng Yong Xing Roast Duck Restaurant(Sanlitun)	Beijing	◆
Poetry.Wine	Beijing	◆
Wolfgang's Steakhouse	Beijing	◆
Wish	Beijing	◆
Country Kitchen	Beijing	◆
InLove(Workers' Stadium)	Beijing	◆
Tempura Xuewei	Beijing	◆
YUZHILAN	Chengdu	◆◆
8(GRAND HYATT Chengdu)	Chengdu	◆
Tivano	Chengdu	◆
Ootoku(Yuanyang Taiguli)	Chengdu	◆
HUADAO ART OF LIFE	Chengdu	◆
THE BRIDGE	Chengdu	◆

NAME	CITY	DIAMOND
MA'S KITCHEN	Chengdu	♦
The river house	Chengdu	♦
Nanhui CREATIVE CUISINE RESTAURANT	Chengdu	♦
SONGYUNZE	Chengdu	♦
XU'S CREATIVE DISH(Wang Jiang Road)	Chengdu	♦
LEAF KITCHEN(Science City)	Chengdu	♦
YINTAN BAOYU HUOGUO(Xiwang Road)	Chengdu	♦
THE SEASONS(Gaoxin)	Chengdu	♦
ZI FEI	Chengdu	♦
Les champs libres	Chongqing	♦
CHINESE KITCHEN(Zonglvquan park)	Chongqing	♦
QIAN YUE MING	Chongqing	♦
THE ONE	Chongqing	♦
YU TU Guide Hall(Zonglvquan Park)	Chongqing	♦
ZHOU SHI XIONG HOT POT(Jiefangbei)	Chongqing	♦
Joel Robuchon Restaurant	Tokyo	♦♦♦
NARISAWA	Tokyo	♦♦♦
Kyoaji	Tokyo	♦♦♦
Sushi Saito	Tokyo	♦♦♦
Florilege	Tokyo	♦♦
L'Effervescence	Tokyo	♦♦
Quintessence	Tokyo	♦♦
SUGALABO	Tokyo	♦♦
Kimura	Tokyo	♦♦
Sushisatake	Tokyo	♦♦
Kohou	Tokyo	♦♦
SEIZAN	Tokyo	♦♦
Ishikawa	Tokyo	♦♦
Chen Kenichi's China	Tokyo	♦♦

NAME	CITY	DIAMOND
Ginya	Tokyo	◆◆
Akasaka Teppanyaki	Tokyo	◆
APICIUS	Tokyo	◆
Les Alchimistes	Tokyo	◆
Sushi Yoshitake	Tokyo	◆
Oniku Karyu	Tokyo	◆
Sushi Hashimomto	Tokyo	◆
Ginzasushiaoki(Ginza)	Tokyo	◆
Seijuken	Tokyo	◆
Tentempura Uchitsu	Tokyo	◆
Motoyoshi	Tokyo	◆
Jade River	Guangzhou	◆◆◆
YUE JING XUAN	Guangzhou	◆◆
Howard's Gourmet	Guangzhou	◆◆
LAI HEEN	Guangzhou	◆◆
The Penthouse	Guangzhou	◆
Hongtu Hall	Guangzhou	◆
Bing Sheng Pin Wei(Haiyin Headquarter)	Guangzhou	◆
Deli Kitchen(Nancun Town)	Guangzhou	◆
GUANGZHOU RESTAURANT(Linjiang Avenue)	Guangzhou	◆
HAIYANLOU(Bingjiang East Headquarter)	Guangzhou	◆
Wisca(Binjiang)	Guangzhou	◆
Jiang by Chef Fei	Guangzhou	◆
Lei Garden(Yi'an Square)	Guangzhou	◆
Li Chateau	Guangzhou	◆
JIN SHA	Hangzhou	◆◆◆
La Villa Restaurant	Hangzhou	◆◆
GUIYU REATAURANT	Hangzhou	◆◆
Dining Room, Park Hyatt Hang Zhou	Hangzhou	◆◆

NAME	CITY	DIAMOND
JIE XIANG LOU	Hangzhou	◆◆
HANGZHOU HOUSE(Amanfayun)	Hangzhou	◆◆
LongJing Manor	Hangzhou	◆◆
XinRongJi(Xixi Wetland)	Hangzhou	◆◆
Wujie(Vientiane City)	Hangzhou	◆
MADAM ZHU'S KTICHEN	Hangzhou	◆
28 HUBIN ROAD(GRAND HYATT Hangzhou)	Hangzhou	◆
Huyue by Kappo yu	Hangzhou	◆
MAN SHU OMASEKA	Hangzhou	◆
TIAN LUN LI RASTAURANT	Hangzhou	◆
Ziwei Hall	Hangzhou	◆
CUI HOUSE	Kunming	◆
GREEN LAKE HEEN	Kunming	◆
SHANG TAO CHINESE RESTAURANT	Kunming	◆
Gaa	Bangkok	◆◆◆
Le Normandie	Bangkok	◆◆
Sühring	Bangkok	◆◆
Issaya Siamese Club	Bangkok	◆
Paste Bangkok	Bangkok	◆
Jiangnan Wok	Nanjing	◆◆
Wujie(Nanjing Deji Plaza)	Nanjing	◆
The LONG YIN	Nanjing	◆
Plum garden(Jinling Hotel)	Nanjing	◆
MIGIWASEMI	Nanjing	◆
Fortune Pavilion	Ningbo	◆
Feast Modern Restaurant(Huaishu Road)	Ningbo	◆
Ming Court	Ningbo	◆
SEAFOOD HOUSE	Ningbo	◆
ZHUANGYUANLOU RESTAURANT	Ningbo	◆

NAME	CITY	DIAMOND
SHANG YI AQUATIC(Fengge Shang Pin)	Ningbo	◆
Chef's Table at Brooklyn Fare	New York	◆◆◆
Eleven Madison Park	New York	◆◆◆
Le Bernardin	New York	◆◆
Per Se	New York	◆◆
Decoy Bar	New York	◆
Jungsik	New York	◆
Marea	New York	◆
Peter Luger Steak House	New York	◆
Tori Shin	New York	◆
Hao Noodle	New York	◆
Zhu Hai	Shantou	◆◆
LIN MANSION FROM CHAOZHOU	Shantou	◆
Fu Yuan	Shantou	◆
JIANYE RESTAURANT(Fenghuangshan Road)	Shantou	◆
Voisin Organique	Shenzhen	◆
Kanpai Classic(Ping'an IFC)	Shenzhen	◆
Lei Garden(South Ban'an Road)	Shenzhen	◆
SUSHI ICHI(Great China IFC)	Shenzhen	◆
Zhuo Yue Xuan	Shenzhen	◆
SUSHI YOTSUBA(Oversea Chinese Town)	Shenzhen	◆
Teng	Shenzhen	◆
Donghai Seafood Restaurant	Shunde	◆◆
SHUN FENG RESTAURANT(Daliang)	Shunde	◆
Song Ji Restaurant	Shunde	◆
Fish Restaurant (Fengcheng Food Street)	Shunde	◆
Zhu Rou Po Restaurant	Shunde	◆
Wujie(Eslite Suzhou)	Suzhou	◆
HUA CHI 88(HYATT Suzhou)	Suzhou	◆

NAME	CITY	DIAMOND
SU SHOW(Ligongdi)	Suzhou	◆
DRAGON MOON	Suzhou	◆
Tai He · Hot Put Red	Suzhou	◆
THE CATE WORLD	Suzhou	◆
Mume	Taipei	◆◆
RAW	Taipei	◆◆
Marshal Zen Garden	Taipei	◆
Shin Yeh Dining	Taipei	◆
XinRongJi(Linghu)	Taizhou	◆◆◆
XinRongJi(Center Avenue)	Taizhou	◆◆
LAOBIAN RESTAURANT	Taizhou	◆
ER DUO YAN	Tianjin	◆
JinCai Collection(Zhongbei Town)	Tianjin	◆
JIN House	Tianjin	◆
No.1 Restaurant	Wuhan	◆
HU BIN HOUSE	Wuhan	◆
KANG-LONG-TAI-ZI RESTAURANT(Garden)	Wuhan	◆
ZIZI 021 Dining hall	Wuhan	◆
FAN	Xi'an	◆
HAISHI RESTAURANT	Xi'an	◆
HU PAN(HYATT Xi'an)	Xi'an	◆
LOTUS	Xi'an	◆
LOTUS RESTAURANT(Zhuque)	Xi'an	◆
REALLOVE CHANGAN	Xi'an	◆
CHIC1699(Jianfa Center)	Xiamen	◆
NO 8 RED HOUSE	Xiamen	◆
Shang Qing Ben Gang	Xiamen	◆
Howard's Gourmet	Hong Kong	◆◆◆
Lung King Heen	Hong Kong	◆◆◆

NAME	CITY	DIAMOND
Sushi Shikon	Hong Kong	◆◆◆
8½ Otto e Mezzo BOMBANA	Hong Kong	◆◆
Caprice	Hong Kong	◆◆
L'Atelier de Joël Robuchon	Hong Kong	◆◆
Ta Vie Restaurant	Hong Kong	◆◆
VEA Restaurant & Lounge	Hong Kong	◆◆
AMBER by Richard Ekkebus	Hong Kong	◆◆
Nikushou	Hong Kong	◆◆
Tin Lung Heen	Hong Kong	◆◆
IM Teppanyaki & Wine	Hong Kong	◆◆
Yan Toh Heen	Hong Kong	◆◆
Bo Innovation	Hong Kong	◆
The Chairman Restaurant	Hong Kong	◆
Ko Lau Wan	Hong Kong	◆
Spring Moon	Hong Kong	◆
Ming Court	Hong Kong	◆
T'ang Court	Hong Kong	◆
Celestial Court Chinese Restaurant	Hong Kong	◆
Man Wah	Hong Kong	◆
Odette	Singapore	◆◆◆
Corner House	Singapore	◆◆
JAAN	Singapore	◆◆
Les Amis	Singapore	◆◆
Burnt Ends	Singapore	◆
Candlenut	Singapore	◆
Summer Pavilion	Singapore	◆
Qu Yuan Cha She	Yangzhou	◆◆
Yang Zhou Yan(Slender West Lake)	Yangzhou	◆◆
XI SHI LOU(Wanda plaza)	Yangzhou	◆
Oxalis(Closed)	Shanghai	◆

Information on this book was collected before Janaurary 10th, 2019.